# EXTRÊME POKÉMON

## Le guide ultime des Poké-mordus!

### MICHAEL TEITELBAUM

Adaptation française : Le Groupe Syntagme inc.

Les éditions Scholastic

Pour Adam et Ari,
qui m'ont fait connaître ces
merveilleux monstres,
Sean et Kerri,
pour leurs Poké-compétences, et
Parker, mon compagnon de cinéma.

Un merci tout spécial à Maria Barbo
pour son aide et ses connaissances
de rédactrice, à Chris, de 4Kids,
qui m'a fourni tous les bons
noms, et à Randi, qui
m'a porté chance.

Pour toute information concement les droits, s'adresser à Scholastic Inc.,
557 Broadway, New York, NY 10012, É.-U.

© 1995-2007 Nintendo, CREATURES, GAME FREAK.

TM & ® sont des marques de commerce de Nintendo.

TM & ® are trademarks of Nintendo.

Copyright © 2007 Nintendo.

Copyright © Éditions Scholastic, 2000, pour le texte français. Tous droits réservés.

ISBN-13 978-0-439-98587-1   ISBN-10 0-439-98587-0

Titre original : Extreme Pokémon — The Guide for the Ultimate Fan.

Édition publiée par les Éditions Scholastic, 604, rue King Ouest,
Toronto (Ontario) M5V 1E1, Canada.

7 6 5 4 3 Imprimé au Canada 08 09 10 11 12

# TABLE DES MATIÈRES

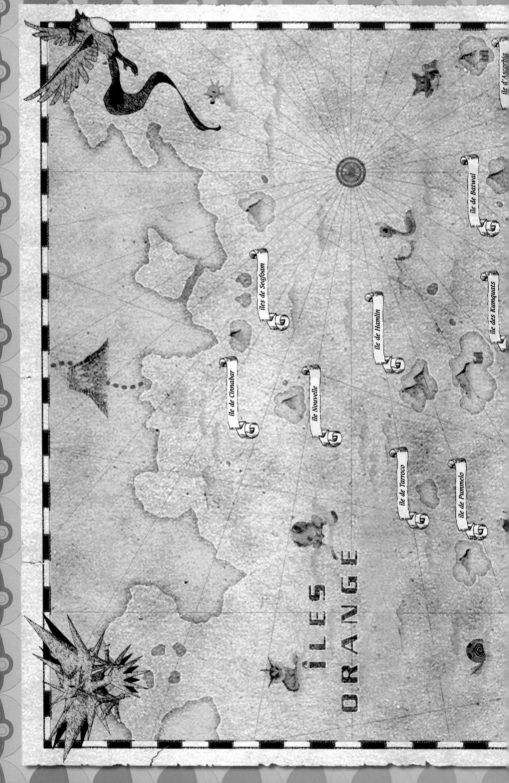

île d'Ascorbia

île de Batwal

îles de Seafoam

île de Hamlin

île des Kumquats

île de Cinnabar

île Nouvelle

île de Tarroco

île de Pummelo

ÎLES
ORANGE

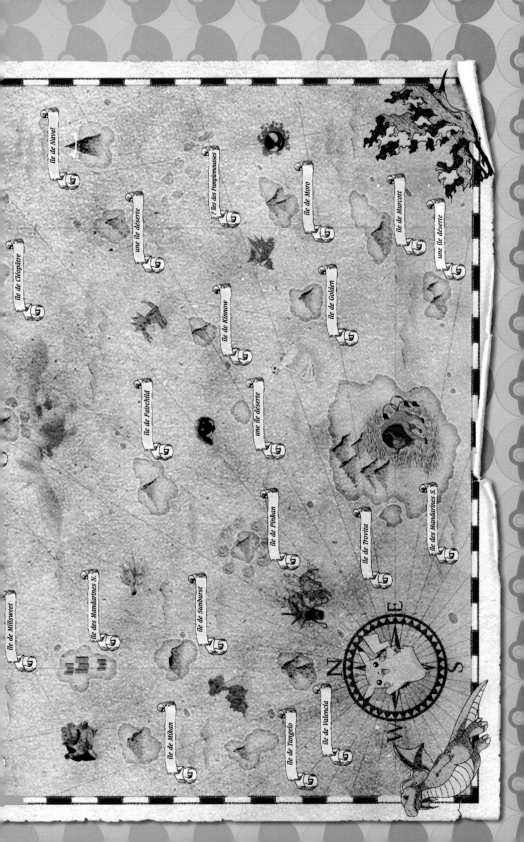

# CHAPITRE

## 1

## LES POKéMON, C'EST QUOI AU JUSTE?

Les Pokémon, c'est quoi au juste?

Évidemment, tout le monde sait que le phénomène des Pokémon a commencé par un populaire jeu vidéo. Partout dans le monde, des millions d'admirateurs de Pokémon collectionnent, échangent, entraînent et font combattre leurs monstres pour devenir des maîtres de Pokémon.

*Mais les Pokémon, c'est quoi au juste?*

Oui, c'est d'abord un dessin animé à la télévision, qui relate les aventures de Ash Ketchum, dont l'objectif est de devenir un maître de Pokémon. Au cours de sa quête, il se fait de nouveaux amis et ennemis, combat d'autres entraîneurs de Pokémon et capture des Pokémon sauvages.

*Mais les Pokémon, c'est quoi au juste?*

Oui, ce sont des cartes qu'on peut collectionner et échanger! Ce sont aussi des films et des livres à succès.

*Mais les Pokémon, c'est quoi au juste?*

Tu fais bien de poser la question.

D'abord et avant tout, l'histoire des Pokémon est une histoire d'amitié. Elle raconte la façon dont tu prends soin des Pokémon que tu collectionnes tout en respectant leur caractère unique et leur personnalité. Tu y découvres comment reconnaître les forces et les faiblesses de tes Pokémon en les entraînant, en les faisant combattre ou tout simplement en les aimant. Il n'existe pas deux personnes pareilles. Eh bien, c'est la même chose pour les Pokémon. En prenant soin d'eux, en les entraînant, en les collectionnant, en les échangeant et même en regardant les films et l'émission à la télévision, les mordus et les entraîneurs apprennent à connaître ces créatures parfois adorables, parfois féroces, mais toujours surprenantes.

Les Pokémon, c'est aussi une question de travail d'équipe! La meilleure façon de gagner des combats est d'avoir des Pokémon forts et en bonne santé, et de faire équipe avec eux.

Bon, faisons maintenant un saut dans le monde des Pokémon — tu le connais probablement déjà un peu, n'est-ce pas? Ton guide te tiendra au courant des dernières aventures de Ash, Misty, Brock et Tracey, et des tribulations les plus récentes de ces empotés de Jessie et James, les bandits de Team Rocket. Il te fera revivre les premiers combats de Ash au tournoi de la Ligue des Pokémon, sur le plateau Indigo. Tu découvriras le mystérieux archipel Orange et l'équipe Orange. Et tu auras l'occasion de faire la connaissance des plus récents Pokémon et de vivre de nouveaux défis, dont des devinettes, des jeux questionnaires et bien d'autres choses!

*Les Pokémon, c'est quoi au juste?*

C'est tout simplement la collection la plus extraordinaire de personnages de tous les temps!

Mordus de Pokémon, vous êtes prêts? ON Y VA!

# CHAPITRE
## 2

### QUE CHERCHE DONC ASH?

L'objectif de Ash Ketchum est clair. Il veut devenir le plus grand maître de Pokémon au monde. Il sait que, pour réaliser son rêve, il doit bien entraîner ses Pokémon, et que ceux-ci ont des tas de choses à lui apprendre.

Avec Pikachu, son fidèle ami et premier Pokémon, Ash parcourt de longues distances pour atteindre son objectif. Durant ses voyages, il s'est fait quelques amis : Misty, la chef de gym de la ville de Cerulean, Brock, le chef de gym de la ville de Pewter, et Tracey Sketchit, un artiste et un observateur de Pokémon. Ash a aussi capturé des Pokémon comme Bulbasaur, Charmander, Caterpie, Primeape, Krabby, Muk, Tauros, Pidgeotto, Snorlax et Lapras.

Pour se qualifier au tournoi de la Ligue des Pokémon du plateau Indigo, Ash doit gagner huit écussons en combattant huit chefs de gym. Après avoir défait Jessie et James, de Team Rocket, au gym de la ville de Viridian, et obtenu son écusson terre (son huitième), Ash se rend au plateau Indigo, où il réalise son rêve : participer au tournoi de la Ligue des Pokémon.

Ash réussit à remporter les quatre premières manches (dans les aires de combat d'eau, de rocher, de glace et des champs) et se rend à la cinquième manche du tournoi, qui a lieu dans le stade Indigo (plus d'information au chapitre 3). Ash ne gagne pas le tournoi (il se classe au seizième rang), mais il se fait un nouvel ami (Richie) et apprend beaucoup de ses erreurs.

Après le tournoi, Ash retourne chez lui, dans la ville de Pallet, pour un bref repos, et repart pour remplir une mission dont l'a chargé son bon ami et mentor, le professeur Oak. Ash voyage très loin, jusqu'à l'archipel Orange, pour obtenir du professeur Ivy, collègue du professeur Oak, une mystérieuse Poké Ball or et argent. Pendant ce temps, le Pidgeotto de Ash évolue en Pidgeot!

Après avoir reçu la Poké Ball or et argent du professeur Ivy, Ash apprend que l'archipel Orange a sa propre Ligue de Pokémon. Il s'y inscrit immédiatement pour obtenir les quatre écussons qu'il faut remporter pour participer au tournoi de la Ligue des Pokémon de l'archipel Orange.

Ash se déplace d'une île à l'autre pour se battre contre des chefs de gym, gagner de nouveaux écussons, capturer de nouveaux Pokémon (dont Snorlax et Lapras) et découvrir toutes sortes de choses extraordinaires, comme un Pikachu surfeur (qu'on appelle Puka)!

# ÉCUSSONS DE LA LIGUE INDIGO REMPORTÉS PAR ASH

| Gym | | Chef de gym | | Écusson |
|---|---|---|---|---|
| Gym de la ville de Pewter | | Brock et son père, Flint | | Écusson rocher |
| Gym de la ville de Cerulean | | Misty et ses sœurs | | Écusson cascade |
| Gym de la ville de Vermilion | | Lieutenant Surge | | Écusson tonnerre |
| Gym de la ville de Saffron | | Sabrina | | Écusson marécage |
| Gym de la ville de Celadon | | Erika | | Écusson arc-en-ciel |
| Gym de la ville de Fuchsia | | Koga | | Écusson esprit |
| Gym de l'île de Cinnabar | | Blaine | | Écusson volcan |
| Gym de la ville de Viridian | | Jessie et James | | Écusson terre |

### TOURNOI DE LA LIGUE DES POKéMON : ÉPREUVE DE FORCE SUR LE PLATEAU INDIGO

Les articles suivants sont extraits des pages sportives du Journal des Pokémon.

## CAHIER DES SPORTS DU JOURNAL DES POKéMON

# LE TOURNOI INDIGO : ON DIT GO!

Ça n'arrive qu'une fois par année; mais ce n'est pas à Noël! En effet, le tournoi annuel de la Ligue des Pokémon du plateau Indigo a débuté aujourd'hui avec le brouhaha habituel. Selon la légende, la flamme sacrée qui a été allumée par Moltres, le mythique Pokémon oiseau, brillait avec éclat au-dessus du stade Indigo.

Après des cérémonies d'ouverture colorées, les combats de la première manche ont débuté. Ash Ketchum, de la ville de Pallet, affrontait Mandy le Stupéfiant dans l'aire de combat d'eau. Comme vous le savez peut-être déjà, un entraîneur ne peut pas combattre dans le stade principal Indigo s'il n'a pas remporté une bataille dans les quatre principales aires de combat : eau, rocher, glace et champs.

Chaque entraîneur n'avait droit qu'à trois Pokémon. Ash a d'abord lancé un Krabby dans la bataille. Mandy a sorti son Exeggutor, et le tournoi de cette année a pris un envol spectaculaire!

# CAHIER DES SPORTS DU JOURNAL DES POKéMON

Exeggutor s'est lancé à l'attaque avec une psyvague. Krabby a plongé sous l'eau en tenant bon.

Puis, l'attaque de barrage d'Exeggutor a soulevé un mur de vagues, empêchant Ash de rappeler son Krabby! Le Pokémon de Ash a alors contre-attaqué avec sa pince-étau, agrippant les feuilles d'Exeggutor, qui ne pouvait plus utiliser d'autres attaques. Puis, en jetant un regard mauvais à son adversaire et en le piétinant, Krabby a remporté la manche, évoluant immédiatement après en Kingler!

Ash a alors pris une décision audacieuse en gardant son tout nouveau Kingler dans le match. Mandy a appelé Seadra, un Pokémon d'eau. L'attaque de bulles de Kingler a pris son adversaire par surprise.

Finalement, à la deuxième manche, Kingler a confirmé la victoire de Ash avec sa technique du marteau.

Dans un effort désespéré, Mandy a appelé un Golbat, Pokémon poison et volant, transformant la manche finale en un combat entre la mer et le ciel! Golbat a fondu sur Kingler, l'attaquant avec un vent fouettant suivi d'un méga-raid. Mais, alors que les choses se présentaient plutôt mal pour Ash, Kingler a renversé la situation avec un hyperrayon qui a sorti Golbat du match.

Ash Ketchum, la recrue, a remporté le premier combat de sa carrière dans un tournoi. Voilà un très bon départ, mais attendons de voir ce que nous réserve la manche de demain!

## CAHIER DES SPORTS DU JOURNAL DES POKéMON

# UNE DEUXIÈME MANCHE AUSSI DURE QUE LE ROC!

Ash Ketchum, vainqueur du tout premier combat de la Ligue de Pokémon, qui a eu lieu hier, s'est présenté dans l'aire de combat de rocher pour entreprendre la deuxième manche du tournoi. Ash faisait face à l'entraîneur Red, qui a choisi un Nidorino, Pokémon poison reconnu pour ses attaques puissantes. Ash a choisi son Squirtle, en espérant que sa dure carapace puisse supporter les dangereux coups de corne de Nidorino.

Le Pokémon de Red est immédiatement passé à l'offensive avec un plaquage. Squirtle s'est esquivé avec adresse pour éviter un coup de corne. Puis Ash a ordonné à Squirtle de contre-attaquer avec son jet d'eau, ce qui a vraiment pris Nidorino par surprise. Après avoir temporairement pris le dessus, Ash en a profité pour ordonner à Squirtle de donner un coup de tête à son adversaire. Après cette attaque bien dirigée, Nidorino n'en pouvait plus. Squirtle a fait du bon travail, et Ash a remporté une autre victoire, passant à la troisième manche, qui aura lieu dans l'aire de combat de glace. À suivre demain!

## CAHIER DES SPORTS DU JOURNAL DES POKéMON

# UN VENT GLACIAL SOUFFLE SUR LA TROISIÈME MANCHE DU TOURNOI!

La troisième manche de la compétition, qui a eu lieu ici, sur le plateau Indigo, a connu un départ frisquet dans l'aire de combat de glace. Ash Ketchum s'est mesuré à un entraîneur connu seulement sous le nom de Pebbleman. Il a fait appel à son Kingler, qui venait tout juste d'évoluer, pour donner des sueurs froides au Cloyster de Pebbleman.

Kingler a commencé le match avec sa technique du marteau, mais Cloyster s'est retiré dans sa solide coquille. Le visage tendu, Ash observait son Kingler, qui s'acharnait sur son adversaire avec sa technique du marteau. « Je craignais que Kingler ne s'épuise très vite », a déclaré Ash aux journalistes après le match. « J'avais peur d'être obligé de choisir un autre Pokémon. Mais Kingler a vraiment tenu bon. »

C'est le moins qu'on puisse dire! En continuant avec détermination à attaquer son adversaire avec sa technique du marteau, Kingler a fini par épuiser Cloyster, permettant à Ash Ketchum de remporter une autre victoire!

## CAHIER DES SPORTS DU JOURNAL DES POKéMON

# DE L'ACTION SUR LES CHAMPS DE RÊVES EN 4ᵉ MANCHE!

Ash Ketchum, de la ville de Pallet, a livré une autre bataille dans l'aire de combat des champs, durant la quatrième manche du tournoi de la Ligue des Pokémon. Pour les entraîneurs, il s'agit de la dernière étape à franchir avant de pouvoir combattre dans le stade principal du plateau Indigo.

Ash avait pour quatrième adversaire Jeanette, qui a débuté le match avec un Beedrill. Ash a contre-attaqué avec Bulbasaur, et les combats sont devenus rapides et

acharnés. Beedrill s'est d'abord livré à un plaquage. Bulbasaur a répliqué avec sa feuille coupante. Beedrill a contre-attaqué avec ses aiguilles jumelées, suivies immédiatement d'une piqûre empoisonnée. Ash a tenu bon en ordonnant à Bulbasaur de lancer ses graines empoisonnées, qui ont fini par drainer toute l'énergie de Beedrill. Ash a donc remporté la première partie du combat.

Jeanette a alors appelé Scyther, qui a vite répliqué avec sa technique des entailles et une

# CAHIER DES SPORTS DU JOURNAL DES POKéMON

attaque de double équipe. Le Bulbasaur de Ash s'est servi de son fouet en forme de liane pour ligoter le dangereux Pokémon insecte, le rendant complètement inoffensif.

Ash a poursuivi le combat avec Bulbasaur, pendant que Jeanette choisissait un Bellsprout comme dernier Pokémon. Il a ordonné à Bulbasaur de plaquer son adversaire, mais Bellsprout s'est montré très habile, et la force de Bulbasaur s'est retournée contre lui et l'a mis hors de combat.

Après avoir décidé de donner à Bulbasaur un repos bien mérité, Ash a appelé Pikachu, dont le coup de tonnerre est devenu inutile lorsque Bellsprout a fait dévier l'électricité dans le sol. Le coup de hache de Bellsprout a mis Pikachu hors de combat. Ça,

c'est un Pokémon bien entraîné!

La quatrième manche s'est terminée ainsi : le Muk de Ash contre le Bellsprout de Jeanette. Le gros corps boueux de Muk a absorbé l'énergie projetée par le puissant coup de hache de Bellsprout. Les coups de corps de l'imposant Muk ont mis Bellsprout K.O. et assuré une victoire pour Ash à la quatrième manche!

Pour clore cet article, nous aimerions souligner que Gary Oak, entraîneur et plus grand rival de Ash, également de la ville de Pallet, a été défait en quatrième manche aujourd'hui par Melissa, dans l'aire de combat de rocher. Le Golem de Melissa a battu le Nidoking de Gary. Ash Ketchum est donc le seul entraîneur de la ville de Pallet à se rendre en cinquième manche.

CAHIER DES SPORTS DU JOURNAL DES POKéMON

# ENFIN, LA CINQUIÈME MANCHE DU TOURNOI D'INDIGO!

L'émotion était palpable au moment où Ash Ketchum, de la ville de Pallet, a fait son apparition dans le stade Indigo pour la cinquième manche du tournoi. Sa mère et son mentor, le professeur Oak, faisaient partie de ses plus fervents admirateurs. Ash était aux anges! Il avait enfin l'occasion de combattre dans le stade principal. Mais son nouvel adversaire était Richie, son nouvel ami. Les deux garçons s'étaient juré de livrer le combat de leur vie, et ils n'ont pas déçu la foule du stade rempli à pleine capacité.

Ash s'est fait attendre, mais lorsque le combat a finalement débuté, tout le monde en a eu pour son argent. Ash a d'abord appelé un Squirtle, Richie choisissant un Butterfree, dont la poudre somnifère a tout de suite endormi Squirtle.

Ash a alors choisi Pikachu, dont le coup de tonnerre a très vite mis Butterfree hors de combat. Richie a répliqué avec Charmander, qui a attaqué Pikachu avec son lance-flammes, puis avec un plaquage. Ébranlé, Pikachu

# CAHIER DES SPORTS DU JOURNAL DES POKéMON

s'est fait écraser et a perdu le combat.

Il fallait donc prendre des mesures draconiennes. Ash a libéré Charizard, reconnu pour ne jamais lui obéir! Richie a rappelé son Charmander et choisi Sparkey, son Pikachu.

Et c'est là, chers amis, que tout s'est joué. Le Charizard de Ash a choisi ce moment-là pour faire une sieste! Au beau milieu du combat le plus important de son entraîneur! Sparkey a donné une victoire facile à Richie, éliminant ainsi Ash de la compétition en cinquième manche.

Richie a été défait en sixième manche par une dresseuse nommée Assunta. Quant à Ash, il s'est classé au seizième rang de la compétition. Les deux entraîneurs ont offert un spectacle rempli d'action et de suspense à la foule nombreuse qui remplissait le stade du plateau Indigo. Les amateurs ont certainement très hâte de voir à nouveau les deux amis en pleine action l'année prochaine!

# CHAPITRE

## 4

### LE GUIDE TOURISTIQUE DES TROPIQUES – GUIDE DE L'ARCHIPEL ORANGE À L'INTENTION DE L'ENTRAÎNEUR

Chaque entraîneur de Pokémon qui mérite une Poké Ball connaît bien la Ligue Indigo : il y a des gyms, des chefs de gym et des écussons. C'est un univers tout à fait différent dans l'imposant groupe d'îles connu sous le nom d'archipel Orange.

Ce paradis tropical se compose de magnifiques plages de sable blanc bordées de palmiers. L'archipel Orange compte également sa propre Ligue de Pokémon et sa propre série de règles. Même les Pokémon ont l'air différents!

Alors, si tu envisages de faire un voyage dans l'archipel Orange, n'oublie surtout pas ton guide pratique (et apporte beaucoup de crème solaire). Sois prudent!

## RÈGLES DE LA LIGUE DE L'ARCHIPEL ORANGE

Pour faire partie de la Ligue Orange, un entraîneur de Pokémon doit combattre et vaincre les quatre chefs de gym de l'archipel Orange, qui forment ce qu'on appelle « l'équipe Orange ». Comme dans la Ligue Indigo, tu remportes un écusson lorsque tu défais un chef de gym. Tu dois gagner quatre écussons pour participer au tournoi de la Ligue Orange : l'écusson œil-de-corail, l'écusson rubis-des-mers, l'écusson oursin et l'écusson étoile-de-jade.

## L'ENTRAÎNEUR ET SON POKÉMON – Deux cœurs qui battent à l'unisson

L'amitié, la confiance, la loyauté, le travail d'équipe et la réalisation d'un même objectif — voilà les valeurs de la Ligue de l'archipel Orange. Pour citer l'un de ses plus grands maîtres de Pokémon, Prima, « dans la Ligue Orange, le plus important, c'est que le cœur de l'entraîneur et celui de son Pokémon battent à l'unisson. Comme les entraîneurs se battent côte à côte avec leurs Pokémon, ils se lient d'amitié avec eux et apprennent à découvrir les aptitudes de chacun de leurs Pokémon. »

Dans les gyms de l'archipel Orange, la compétition entre le chef de gym et son concurrent est beaucoup plus qu'un simple combat entre Pokémon. Pour gagner un écusson durant une compétition, il faut se soumettre à des concours d'intelligence, des tests d'aptitudes et aussi à des défis qui consistent à mettre à l'épreuve l'entraînement suivi par un Pokémon.

## LES NEUF HABITUDES DES ENTRAÎNEURS DE POKémON LES PLUS EFFICACES

Au fil de tes déplacements d'une île à l'autre dans l'archipel Orange, tu rencontreras des entraîneurs et des maîtres de Pokémon toujours prêts à te donner des conseils. Un entraîneur avisé est observateur et a l'esprit ouvert. Suis ces conseils, apprends et réfléchis tout au long de ton cheminement pour devenir un maître de Pokémon.

### Théories d'un maître de Pokémon :

• « Un entraîneur de Pokémon doit être aussi performant que son Pokémon. »

• « Les écussons sont des cadeaux que les Pokémon offrent à leur entraîneur pour lui montrer à quel point ils tiennent à lui. »

• « Chaque entraîneur doit apprendre que la défaite est une étape importante du parcours qu'il doit suivre pour devenir un maître de Pokémon. La défaite est source de sagesse — à condition que tu apprennes de tes erreurs et que tu fasses confiance à ton Pokémon. »

• « Écoute ton Pokémon. Comprends-le et essaie de ressentir ce qu'il y a dans son cœur. »

### Rudy, chef de l'île de Trovita :

• « Tu peux améliorer les techniques d'attaque de tes Pokémon en leur montrant quelque chose qui n'a rien à voir avec la technique. La danse, par exemple. »

**Cissy, chef de gym de l'île de Mikan :**

• « Dans les gyms de l'archipel Orange, on ne se contente pas de faire combattre nos Pokémon. Les Pokémon utilisent leurs aptitudes pour relever des défis. »

**Danny, chef de gym de l'île de Navel :**

• « Même si tu ne peux pas te préparer à toutes les surprises que la vie te réserve, essaie de toujours prévoir où tu vas et ce dont tu auras besoin avant de commencer ton voyage. »

**Le professeur Oak, le plus grand expert mondial des Pokémon :**

• « Pour aider un Pokémon en détresse, commence par connaître ses besoins et ses désirs. Eh oui, les Pokémon ont des désirs, tout comme toi. N'essaie pas d'imposer tes désirs à ton Pokémon. »

**Ash Ketchum, entraîneur de Pokémon :**

• « Pour bien s'entendre avec un Pokémon, il y a une chose très importante à ne pas oublier : c'est sa personnalité. Les Pokémon sont comme les gens : chacun est différent et unique. »

## GYMS DE LA LIGUE ORANGE

Voici un résumé des informations que tu dois connaître sur l'équipe Orange. Pour plus de renseignements, consulte les sections du guide qui portent sur chacun de ses membres.

| ÎLE / GYM | CHEF DE GYM | ÉCUSSON |
|---|---|---|
| ÎLE DE MIKAN GYM DE MIKAN | CISSY | ÉCUSSON ŒIL-DE-CORAIL |
| ÎLE DE NAVEL GYM DE NAVEL | DANNY | ÉCUSSON RUBIS-DES-MERS |
| ÎLE DE TROVITA GYM DE TROVITA | RUDY | ÉCUSSON OURSIN |
| ÎLE DE KUMQUATS GYM DES KUMQUATS | LUANA | ÉCUSSON ÉTOILE-DE-JADE |

## CENTRES DES POKÉMON

Les îles de l'archipel Orange ne comptent pas toutes un centre des Pokémon. Seules les principales îles comme Valencia, Tangelo, Murcott et Mikan ont leur propre centre. Pour ce qui est des autres îles, Garde Joy (eh oui, on trouve aussi une garde Joy dans l'archipel Orange!) se déplace en pagayant d'une île à l'autre dans son bateau, Chansey à ses côtés, et fait tout ce qu'elle peut pour aider les Pokémon malades et blessés.

## COMMENT S'Y RENDRE

Pour les touristes, le dirigeable ou la montgolfière est le moyen le plus rapide de se rendre à l'archipel Orange. Le trajet à partir du continent prend moins d'un jour. Mais sois prudent. Si la montgolfière ressemble à Meowth de Team Rocket, rends-toi service : prends un bateau!

Le trajet en bateau prend quelques jours sur une mer parfois démontée. Mais si tu es entraîneur et possèdes un gros Pokémon volant comme un Pidgeot, saute sur son dos et accroche-toi bien! Avant même de t'en rendre compte, tu plongeras dans une mer claire comme du cristal, ou tu combattras dans la Ligue de Pokémon de l'archipel Orange!

## LES ÎLES

### L'ÎLE DE VALENCIA

En tant qu'entraîneur de Pokémon, tu devrais t'arrêter au centre des Pokémon de l'île de Valencia afin de voir si tes Pokémon sont en forme et prêts à se battre contre n'importe quel Pokémon de l'équipe Orange. Garde Joy, la petite cousine de la belle-sœur de Garde Joy, de la ville de Saffron, sera très heureuse de t'aider.

Le professeur Ivy fait l'élevage de tous les Pokémon de l'île. Aujourd'hui, avec l'aide de ses adjoints, Faith, Hope, Charity et Brock (l'ami de Ash), elle étudie, observe et entraîne la plupart des Pokémon d'eau comme Gyarados, qui vivent dans la baie située juste à côté de son laboratoire.

Elle observe également la façon dont les Pokémon s'adaptent à leur environnement. Tu y verras des Pokémon familiers qui semblent juste un peu différents parce qu'ils vivent sous le climat tropical de l'archipel Orange. Par exemple, les Raticate, habituellement bruns, sont de couleur rouge! Les Weepinbell sont oranges plutôt que jaunes, et les Paras sont parsemés de triangles oranges au lieu de points jaunes!

L'île Valencia est le meilleur endroit pour commencer ton voyage dans l'archipel Orange.

## LE LABORATOIRE DU PROFESSEUR IVY

**À VOIR!** Il faut absolument que tu visites le laboratoire de recherche du professeur Ivy, situé sur la route panoramique de la Baie, pas très loin du centre des Pokémon. Il s'agit d'une expérience extrêmement enrichissante pour tous les entraineurs de Pokémon.

## ÎLE DE TANGELO

Tu n'es qu'un simple touriste? Voici l'île qu'il te faut. Par contre, si tu es un entraîneur de Pokémon, tu devras t'accommoder d'une foule de touristes! Pourquoi? Parce qu'on trouve sur l'île de Tangelo le Parc des Pokémon, premier parc à thèmes de Pokémon au monde, dirigé par la Chambre de commerce de l'île de Tangelo. D'énormes paquebots de croisière sont amarrés aux quais, et des centaines de touristes armés d'appareils photos déambulent dans le parc. Si un Pokémon t'accompagne, il faut t'attendre à ce que des touristes te demandent de te prendre en photo avec ton Pokémon! Si tu es un entraîneur sérieux, traverse le parc aussi vite que possible et commence ton entraînement. C'est dans l'île de Tangelo que la plupart des entraîneurs qui veulent se mesurer à l'équipe Orange se préparent.

## ÎLE DE MIKAN

Sur l'île de Mikan, tu rencontreras ton premier chef de gym et tu auras l'occasion de remporter ton premier écusson de l'archipel Orange. Mais attention, ce ne sera pas facile. Cissy, le chef de gym de l'île de Mikan, est l'un des entraîneurs les plus sévères de l'équipe Orange.

Ici, tu pourras voir à quel point l'archipel Orange est différent des autres endroits de la planète.

Est-ce un mirage? Je vois des coquillages sur la plage — mais bien sûr! — tous les écussons de l'archipel Orange sont faits de coquillages!

BIENVENUE
DANS L'ARCHIPEL ORANGE

## LEÇON SUR LE LAPRAS

Dans l'archipel Orange, Ash a déjà sauvé un Lapras aux prises avec de jeunes entraîneurs qui le maltraitaient. Il a capturé le Lapras et s'en est servi comme bateau, naviguant sur son dos d'une île à l'autre.

• Le Lapras est une combinaison de Pokémon d'eau et de Pokémon de glace.

• Ses principales attaques sont le jet d'eau, les coups avec le corps et le faisceau glacial. En fait, c'est grâce à son faisceau glacial que le Lapras a permis à Ash de remporter son premier écusson oeil-de-corail sur l'île de Mikan : il a gelé l'eau durant le concours décisif de surf des Pokémon et glissé vers la victoire!

• Le Lapras est charmant, doux et gentil. La rencontre de cet agréable et généreux Pokémon en voie d'extinction (après tout, il est devenu le « bateau » personnel de Ash!) a été l'un des points culminants du voyage de Ash dans l'archipel Orange.

Plutôt que de faire combattre ses Pokémon, Cissy te présentera plusieurs défis à relever. « Dans mon gym, répète souvent Cissy, les Pokémon compétitionnent comme des athlètes, l'un contre l'autre, et individuellement. »

Cissy te demandera de choisir le Pokémon de ton équipe qui possède la meilleure attaque de jet d'eau. Ensuite, ton Pokémon d'eau et toi devrez relever trois défis : 1) une compétition à deux contre le Seadra de Cissy, qui vise à déterminer quel

Pokémon peut faire tomber le plus grand nombre de boîtes de conserve avec son jet d'eau; 2) une épreuve de vitesse et de précision, où ton Pokémon d'eau devra atteindre une cible mouvante avec son jet d'eau; 3) un concours de tir rapide qui vise à déterminer quel Pokémon (le tien ou celui de Cissy) touche le plus vite une cible mouvante avec son jet d'eau.

Si tu réussis à tenir tête à Cissy durant ces tests d'aptitudes, le gagnant sera proclamé après un concours de surf sur Pokémon. Tu devras choisir un autre Pokémon, que tu chevaucheras pour surfer contre celui de Cissy! Si tu triomphes, tu repartiras avec l'écusson œil-de-corail — la première étape du parcours de compétitions de la Ligue de l'archipel Orange!

## ÎLE DES MANDARINES

L'île des Mandarines est une immense ville de gratte-ciel qui flotte sur l'océan. C'est la plus urbaine des îles de l'archipel Orange. Il s'agit d'un centre administratif et culturel majeur, et on y vit à un rythme plus trépidant que dans la plupart des îles tropicales de l'archipel.

Mais attention! Qui dit grandes villes dit gros problèmes. Les méchants Butch et Cassidy, de Team Rocket, sont reconnus comme des voleurs de Pokémon qui menacent constamment l'île des Mandarines. Dernièrement, ils ont ordonné à Drowzee de lancer une attaque d'hypnose avec une antenne, afin de tenter de prendre le contrôle de tous les Pokémon de l'île. Heureusement, Ash Ketchum et ses amis ont fait échouer leur plan.

## ÎLE DE SUNBURST

Le Pokémon le plus spécial de tout l'archipel Orange se trouve sur l'île de Sunburst — le rare et splendide Onix en cristal. Il s'agit, crois-le ou non, d'un Onix vivant fabriqué en verre. Les artistes de l'île affirment qu'ils se sont inspirés

**À VOIR!** L'île de Sunburst est reconnue pour ses nombreux magasins de verre et de cristal. Bien des artistes vivent et travaillent ici, façonnant des sculptures de Pokémon en verre soufflé. Des gens du monde entier viennent expressément sur l'île pour acheter ces magnifiques figurines.

de ce Pokémon mystérieux et scintillant. L'Onix en cristal vit dans une grotte profonde; on le voit donc rarement. Mais si tu demandes à un sculpteur qui s'appelle Mateo, il te conduira à la grotte et tu pourras jeter un rapide coup d'œil à un Pokémon vraiment exceptionnel.

Comme certains enfants, les Pokémon ne se soucient pas trop de la valeur nutritive de leurs aliments. Ils aiment simplement manger ce qui est bon au goût (comme tout le monde, quoi!)

## SNORLAX RELAXE

Alerte aux agrumes! Ash a contribué à sauver tous les pamplemousses des îles des Pamplemousses, lorsqu'un Snorlax a menacé de tous les dévorer. Il a capturé le Snorlax, ajoutant un autre Pokémon à son équipe.

• Le Snorlax est un Pokémon de type normal.

• C'est le Pokémon le plus lourd qu'on connaisse (456 kg).

• Il adore manger et dormir. En fait, Snorlax est si paresseux qu'il peut s'étendre au beau milieu d'une route ou d'un lac! Il mange jusqu'à 400 kg de nourriture par jour (pas surprenant que tous ces pamplemousses aient été menacés!)

• Ses principales attaques sont le coup de tête, la sieste et les coups avec le corps — comme tu peux t'en douter!

• Savais-tu que Snorlax pouvait nager? La nage papillon, sa spécialité, lui permet de se déplacer d'une île à l'autre.

## L'ÎLE DE PINKAN

L'île de Pinkan est complètement inaccessible aux visiteurs! C'est une réserve protégée de Pokémon, patrouillée par l'agente Jenny (encore elle!). Et elle est entourée d'énormes tourbillons assez puissants pour faire couler même les plus gros bateaux. L'île est aussi bordée de falaises géantes de tous côtés.

C'est dommage, cela nous empêche de voir les Pokémon roses de l'île. Oui, tu as bien lu! Des Rhydon roses, des Nidoking roses et même des Pidgey roses! C'est pourquoi Jenny et d'autres conservateurs de parc veulent empêcher l'île d'être envahie par les touristes. Des Pokémon roses! Comment est-ce possible? C'est que, depuis leur naissance, ils mangent des roseilles, de petits fruits roses qui poussent

seulement dans les arbres de l'île.

Ce que les conservateurs redoutent le plus, c'est l'invasion de braconniers intéressés par les Pokémon roses. Mais ne crains rien, l'agente Jenny veille au grain, pour que ces Pokémon puissent voir la vie... en rose!

## L'ÎLE DE NAVEL

Un séjour sur l'île de Navel te donnera l'occasion de rencontrer en personne le deuxième membre de l'équipe Orange : Danny, le chef de gym de l'île de Navel.

Il n'est pas facile de se mesurer à Danny et de remporter un écusson rubis-des-mers. Tous ses concurrents doivent grimper seuls (sans l'aide de leurs Pokémon) jusqu'au sommet d'une montagne enneigée,

simplement pour prouver leur valeur! Si tu réussis à te rendre jusqu'en haut, tes Pokémon et toi devrez passer trois tests d'aptitudes : 1) transformer de l'eau chaude en glace; 2) sculpter un traîneau de glace; 3) dévaler la montagne sur le traîneau de glace que tes Pokémon ont sculpté.

Si ton équipe réussit deux des trois tests, tu recevras un écusson rubis-des-mers, le deuxième des quatre écussons de l'archipel Orange.

## LES ÎLES DES PAMPLEMOUSSES

Pas besoin de deviner d'où vient le nom de ces îles. Dans ce petit groupe de sept îles poussent des milliers d'arbres qui produisent d'énormes pamplemousses juteux et délicieux. Une productrice nommée Ruby est responsable de leur culture, qu'elle défend férocement contre les voleurs.

BIENVENUE DANS L'ARCHIPEL ORANGE

## LE POINT SUR PIDGEOT

Attention, Ash! Des Spearow et des Fearow attaquent! Le Pidgeotto de Ash arrive à la rescousse et sauve son ami de justesse, au tout début du voyage du jeune entraîneur dans l'archipel Orange. Puis soudain, Pidgeotto évolue en Pidgeot!

• Pidgeot peut voler deux fois plus vite que la vitesse du son, à une altitude de près de 15 000 m.

• Pidgeot est une combinaison de Pokémon normal et de Pokémon volant.

• Ses principales attaques sont la bourrasque, le tourbillon de vent et l'attaque ailée.

• Brave et loyal, il combattra férocement pour son entraîneur.

Quel est le secret pour faire pousser des pamplemousses aussi énormes? Pour citer Ruby, « cela exige beaucoup de travail et encore plus d'amour. Chaque hiver, nous recouvrons les arbres avec de la paille afin de les protéger du froid. Nous les taillons et les entretenons. Lorsque le climat s'adoucit et que les arbres sont en fleurs, nous recueillons dans les îles environnantes des Butterfree qui pollinisent les arbres afin qu'ils puissent produire des fruits. »

Mais Ruby doit toujours rester sur ses gardes et surveiller ce goinfre de Snorlax, qui a déjà mangé presque tous les pamplemousses de sa plantation!

Bye, bye Brock!?! Tu parles! Brock a été tellement impressionné par l'archipel Orange et par les recherches (ou les charmes?) du professeur Ivy, qu'il a décidé de quitter ses compagnons, Ash et Misty. Il est venu rejoindre le professeur Ivy sur l'île de Valencia afin de l'aider dans ses recherches sur les Pokémon indigènes.

Les îles des Pamplemousses valent vraiment le détour (ne serait-ce que pour goûter, avec un peu de chance, à l'un de leurs délicieux fruits), même si cette visite n'améliore pas tes chances de concourir dans la Ligue Orange!

## L'ÎLE DE TROVITA

On peut se rendre rapidement par traversier à l'île de Trovita, où se trouve le gym de Trovita, à partir de la bruyante et trépidante île des Mandarines. Là, tu combattras Rudy, le chef de gym, afin de remporter le troisième des écussons de l'archipel Orange.

## DRÔLES DE MIMIQUES

Qui dit des tas de choses sans parler? Mais, Mr. Mime, voyons! La mère de Ash a ramené Mr. Mime d'un cirque où il était maltraité. Il l'aide maintenant à faire le ménage!

• Mr. Mime est un Pokémon de type surnaturel.

• Ses principales attaques sont la confusion et la barrière.

• Mr. Mime se sert de son corps pour faire apparaître de vrais murs. Il déteste qu'on l'interrompe lorsqu'il mime, et s'il se met en colère, il te donnera des tapes avec ses énormes mains.

BIENVENUE DANS L'ARCHIPEL ORANGE

Rudy te fera passer deux tests : 1) le test d'attaque, au cours duquel ton Pokémon doit se servir d'une attaque pour faire tomber des cibles que Rudy lance dans les airs; et 2) le test des types, où une série de Pokémon se mesurent à d'autres Pokémon du même type — ton Pokémon électrique contre son Pokémon électrique, ton Pokémon des champs contre le sien, etc. Si tu réussis ces tests, tu repartiras avec l'écusson Oursin.

## LES ÎLES DU SUD

Dans ce groupe d'îles situées tout au sud de l'archipel Orange habitent quelques rares Pokémon comme les Farfetch'd, des Pokémon canards sauvages, qu'on peut apercevoir en énormes volées.

C'est un prix très important! Ash a reçu un certificat de distinction de l'agente Jenny pour l'avoir aidée à empêcher Butch et Cassidy, de Team Rocket, de capturer tous les Pokémon de l'île des Mandarines.

## LES VERTUS DE VENONAT

Tu veux chasser un Pokémon difficile à trouver? Si tu possèdes un Venonat, aucun problème! Tu n'as qu'à lui montrer une photo du Pokémon que tu recherches. Il te guidera avec son radar, comme il le fait si souvent pour Tracey Sketchit, l'observateur de Pokémon, lorsqu'il recherche des Pokémon inhabituels afin de les étudier et de les dessiner.

• Venonat est une combinaison de Pokémon insecte et de Pokémon poison.

• Ses principales attaques sont le plaquage et la mise hors de combat.

• Venonat se déplace dans l'ombre, adore manger des insectes et, durant la nuit, vole parfois un peu trop près des lumières brillantes.

On y a même déjà vu le trio super rare des oiseaux légendaires Articuno, Zapdos et Moltres!

Rares et magnifiques! Durant son séjour dans les Îles du Sud, Tracey a aperçu le rare trio d'oiseaux légendaires — Articuno, Zapdos et Moltres! Assurément un point culminant de son voyage!

Les entraîneurs qui ont remporté les quatre écussons de la Ligue Orange ont l'occasion de concourir pour remporter le trophée des championnats de la Ligue Orange.

## L'ÎLE DE MURCOTT

Dans cette île aux forêts denses vivent des Pokémon insectes comme Beedrill, Caterpie et Scyther. Misty deviendrait folle ici! L'île compte aussi un centre des Pokémon.

## L'ÎLE DES KUMQUATS

Dans cette île, tu auras l'occasion de gagner ton quatrième et dernier écusson — l'écusson étoile-de-jade — en te mesurant à Luana. Lorsque tu arriveras dans l'île des Kumquats, dirige-toi immédiatement vers l'hôtel Kumquat, récemment rénové. La directrice de l'hôtel est le quatrième membre de l'équipe Orange. Tu auras droit à une chambre gratuite pendant que tu te prépares au combat.

Le gym de l'île des Kumquats ressemble davantage à un stade qu'à un gym de

Tracey a capturé un Scyther sur l'île de Murcott. Il était le chef d'un essaim de Pokémon insectes, jusqu'à ce qu'il perde son titre au cours d'une bataille contre un Scyther plus jeune. On l'a alors forcé à quitter l'essaim. Lorsque Scyther, une combinaison de Pokémon insecte et de Pokémon volant, utilise ses ailes tranchantes comme des rasoirs et ses réflexes de ninja, il est pratiquement impossible d'arrêter sa danse des sabres!

BIENVENUE
DANS L'ARCHIPEL ORANGE

Pokémon. Ici, les combats sont uniques. Une double bataille oppose chaque entraîneur, qui utilise deux Pokémon en même temps. Dans ce gym, la victoire se décide lorsque l'un des deux Pokémon est incapable de continuer à se battre. Tu devras faire face à des concurrents coriaces. Luana utilise un Alakazam et un Marowak puissants. Assure-toi de choisir deux Pokémon qui s'entendent bien. Ils devront collaborer si tu veux gagner l'écusson étoile-de-jade, qui te permettra de participer aux championnats de la Ligue Orange et, qui sait? de remporter la Coupe Orange.

## L'ÉQUIVOQUE GOLDUCK

Golduck, la forme évoluée de Psyduck, est un fort et puissant combattant. Étonnamment, même s'il est un Pokémon d'eau, Golduck peut combattre aussi bien sur terre que dans l'eau. Misty croyait que son Psyduck avait évolué pour combattre et défaire Marina, qui entraîne elle aussi des Pokémon d'eau. Mais il s'agissait en fait d'un Golduck sauvage qui aimait aider les dresseuses.

• Ses principales attaques sont les éraflures, les coups de queue et la mise hors de combat.

• On confond parfois Golduck avec Kappa, le légendaire monstre marin japonais.

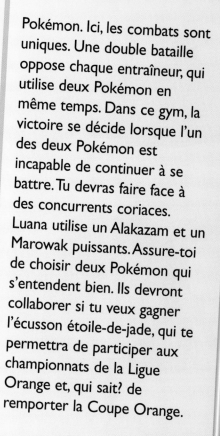

Tout le monde à bord! Le bateau-théâtre de Pokémon navigue dans l'archipel Orange. Il s'agit d'un théâtre flottant où des êtres humains prêtent leur voix à des Pokémon qui jouent dans des pièces de théâtre.

## CHAPITRE

### 5

## TRACEY SKETCHIT — LE P'TIT NOUVEAU

Ash et Misty étaient très tristes quand Brock a décidé de demeurer avec le professeur Ivy sur l'île de Valencia. Ils savaient que leur ami allait leur manquer. Mais presque aussitôt après leur arrivée sur l'île de Tangelo, ils ont rencontré Tracey Sketchit — un excellent compagnon et un bon ami.

Tracey est un observateur et un dessinateur de Pokémon. Il adore observer des Pokémon à l'état sauvage et il les dessine avec minutie. Lorsqu'il a rencontré pour la première fois Ash et Misty, il pouvait évaluer, en un seul coup d'œil rapide, si un Spearow ne prenait pas assez de vitamines, si un Beedrill perdait ses couleurs ou si un Hitmonchan ne faisait pas assez d'exercices. Il a aussi déclaré à Ash que les aptitudes électriques de Pikachu étaient en excellent état (ouf! quelle bonne nouvelle!).

Ash et Misty étaient très impressionnés par les connaissances de Tracey sur les Pokémon. Leur nouvel ami leur a expliqué que les observateurs de Pokémon recherchent tous ces types de monstres pour pouvoir observer et étudier (et, dans son cas, dessiner) leurs caractéristiques et habiletés. Les observateurs de Pokémon recherchent même les Pokémon rares et nouveaux.

Le héros de Tracey est le professeur Oak. « Tous les observateurs savent que le professeur Oak est l'un des plus grands experts en Pokémon de la planète! » explique Tracey. Lorsqu'il a appris que Ash et Misty étaient des amis du professeur Oak, il leur a demandé s'il pouvait les accompagner au cours de leurs voyages, espérant rencontrer un jour son héros.

Ash et Misty étaient enchantés. C'est ainsi qu'est née une nouvelle amitié.

## LES POKÉMON DE TRACEY

**Marill,** un Pokémon d'eau dont l'ouïe est fantastique. Sa queue flottante l'aide à nager.

**Scyther,** un Pokémon insecte qui possède des ailes tranchantes comme des rasoirs et l'esprit d'un guerrier.

**Venonat,** un Pokémon insecte et poison muni d'un excellent radar.

## LES TRUCS DE TRACEY

Un bon observateur de Pokémon peut prévoir une attaque imminente en observant simplement la façon dont le Pokémon se déplace. Si tu respectes les deux règles suivantes, les Pokémon ne sauront pas que tu les observes, et tu pourras les étudier de plus près :

1) Approche-toi du Pokémon en allant contre le vent pour qu'il ne puisse pas te sentir.
2) Si tu respires en même temps que le Pokémon au moment de l'approcher, il ne pourra pas t'entendre.

CHAPITRE

# CHAPITRE

## 6

### TOUT CE QUE J'AI BESOIN DE SAVOIR, JE L'AI APPRIS EN OBSERVANT DES POKéMON.

*DEVISES DES OBSERVATEURS DE POKéMON*

Au cours de ses voyages pour devenir un maître de Pokémon, Ash en a appris beaucoup sur les Pokémon, mais aussi sur la vie. Voici quelques leçons essentielles qu'il a tirées de son expérience :

## L'AMOUR EST PLUS IMPORTANT QUE LA VICTOIRE

En combattant Blaine, le chef de gym de l'île de Cinnabar, pour remporter son écusson Volcan, Ash a demandé à Pikachu de se battre contre Magmar. Mais les puissants coups de tonnerre de Pikachu ne pouvaient rien contre le Pokémon cracheur de feu. Le lance-flammes volcanique de Magmar brûlait pratiquement Pikachu. Pourtant, le loyal et brave Pokémon électrique ne voulait pas renoncer et abandonner Ash.

Pikachu vacillait au bord d'un puits de lave bouillante, à quelques centimètres du liquide brûlant. Magmar se préparait à attaquer avec son lance-flammes. Le jet suivant propulserait certainement Pikachu dans le puits.

« Ton petit Pikachu ne sait pas quand il doit s'arrêter, a lancé Blaine.

— Ça suffit, Pikachu, a ordonné Ash. Reviens! » Puis, regardant Blaine, il a ajouté : « J'abandonne. Aucun écusson ne vaut la perte de Pikachu!

— Je te félicite d'avoir pris une sage décision, Ash, a répliqué Blaine. Si tu avais été assez fou pour continuer le match, tu aurais été disqualifié en tant qu'entraîneur de Pokémon. Tu as compris que l'amour de ton Pokémon est plus important que la victoire. »

## LA QUALITÉ DE TES AMITIÉS EST PLUS IMPORTANTE QUE LE NOMBRE DE TES AMIS

Un jour, Ash est retourné chez lui, dans la ville de Pallet, afin de s'entraîner pour le tournoi de la Ligue des Pokémon. En allant rendre visite au professeur Oak, il s'est retrouvé face à son rival Gary.

Le professeur Oak a jeté un coup d'œil aux Pokédex des deux entraîneurs. Il a alors constaté que, même si Ash a aperçu plus de Pokémon que Gary durant ses voyages, son rival en a capturé beaucoup plus — plus de 200, alors que Ash n'en a attrapé que quelques-uns!

« Je commence par les capturer, et je pose les questions après, se vantait Gary. On n'a jamais trop de Pokémon. Voilà ma devise!

— Je crois qu'il te reste beaucoup de choses à apprendre sur les Pokémon, Gary, a répliqué Ash. Et je parie qu'ils ne sont même pas tes amis.

— Mes amis? Pff! Je m'en fous d'être ami avec mes Pokémon, du moment que j'en ai beaucoup!

— Le nombre de Pokémon que tu possèdes n'est pas important, lui a alors expliqué Ash, c'est ce que tu leur apprends et ce qu'ils t'apprennent qui compte. La plus grande qualité d'un bon entraîneur de Pokémon, c'est l'amour qu'il leur porte. »

## ACCROCHE-TOI À TES RÊVES. IL N'EST JAMAIS TROP TARD POUR LES RÉALISER.

Dans les îles de Seafoam, Ash a rencontré un jour un surfeur nommé Victor, qui lui a raconté l'histoire de l'Humungadunga — la plus haute vague jamais vue!

Il y a quarante ans, un surfeur appelé Jan a surfé longtemps sur l'Humungadunga, jusqu'au sommet d'un haut rocher. Il y a planté un drapeau qui flotte toujours au vent. Depuis ce temps, les surfeurs du monde entier viennent dans l'île pour surfer sur l'Humungadunga et imiter l'exploit de Jan. Mais personne n'a encore eu cette chance.

Victor a toujours rêvé de réaliser cet exploit. Il a essayé une première fois il y a quarante ans, mais il a échoué. Il était tellement déçu qu'il a décidé d'abandonner le surf pour de bon. Puis, il y a vingt ans, un Pikachu nommé Puka a surgi de la mer devant Victor.

« Je ne peux pas expliquer comment c'est arrivé, mais à partir de ce jour, Puka et moi, on ne s'est jamais quittés, racontait Victor. Une fois que je l'ai trouvé, j'ai recommencé à aimer le surf. »

Puka adore surfer, lui aussi. Selon Victor, son Pokémon peut vraiment sentir les vagues dans son corps. Victor et Puka ont tenté encore une fois de surfer sur l'Humungadunga jusqu'au sommet du rocher, mais Victor a de nouveau échoué.

« Depuis ce jour, Puka et moi, on forme une équipe, et on a conquis tous les types de vague imaginables, dit Victor à Ash. Il en reste une seule — l'Humungadunga! »

« Vous pouvez réussir, Puka et toi! a insisté Ash. Cette fois-ci, je sais que vous allez la conquérir! »

Victor s'est accroché à son rêve. Puka et lui ont surfé sur la grande vague; Ash les encourageait de toute la force de ses poumons, et ils ont fini par planter le drapeau de Victor au sommet du rocher!

## AIE TOUJOURS CONFIANCE EN TOI

Dans la serre de Xanadu, à Pallet, Ash a rencontré une dresseuse de Pokémon et jardinière nommée Florinda. La serre appartenait à sa famille depuis bien des années. Elle en était maintenant responsable, mais elle ne se croyait pas capable de faire le travail.

« Je suis vraiment nulle comme dresseuse de Pokémon, déclare Florinda. Je ne peux même pas entraîner mon Gloom comme il faut. Et si je ne suis même pas capable de faire ça, comment est-ce que je pourrais diriger une énorme serre? Je suppose que si mon Gloom n'est pas encore assez fort, c'est parce que je ne lui ai pas donné assez d'amour. »

Mais lorsque Team Rocket a attaqué la serre pour tenter de voler le Pikachu de Ash, Florinda n'a pas eu le choix : elle a envoyé son Gloom dans la bataille.

« Vas-y, Gloom! lui a-t-elle ordonné. Faisceau solaire! »

L'attaque de Gloom a projeté Team Rocket à l'extérieur de la serre.

Le professeur Oak a déclaré qu'il n'avait jamais vu de sa vie une attaque de faisceau solaire aussi impressionnante.

« Mais comment Gloom est-il devenu si puissant? » se demandait Florinda.

« C'est grâce à l'amour et aux soins que tu lui as donnés, lui a expliqué Ash. En fait, ton Gloom devenait de plus en plus puissant avec le temps. Tu avais tout simplement besoin d'avoir confiance en toi! »

## PIQUER QUELQU'UN, C'EST VOLER TOUT LE MONDE.

Un jour, Ash a rencontré un jeune entraîneur de Pokémon sur la route qui mène de Pallet au plateau Indigo, où a lieu le tournoi de la Ligue des Pokémon. Otoshi a défié Ash de se mesurer contre lui au cours d'un combat de Pokémon. Le perdant devait se défaire de tous ses écussons et renoncer à participer au tournoi de la Ligue des Pokémon!

Après avoir accepté le défi, Ash a défait Otoshi. C'est à ce moment-là que Ash a appris qu'Otoshi n'avait aucun écusson à perdre. Au début, Ash était furieux. Mais il a tout de même consenti à écouter l'histoire d'Otoshi.

« Je suis tombé dans un piège et on m'a volé tous mes écussons », lui a expliqué Otoshi, au bord des larmes. J'ai travaillé tellement dur pour obtenir ces huit écussons! J'ai fait tous ces efforts et tous ces sacrifices pour rien. »

Ash devait prendre une décision difficile : s'il aidait Otoshi à retrouver ses écussons, il risquait d'arriver trop tard pour le début de la compétition de la Ligue des Pokémon.

« Il faut absolument retrouver tes écussons, déclare Ash. Moi aussi, j'ai travaillé dur pour les remporter. Je serais catastrophé si quelqu'un me les volait. Quand on pique quelque chose à un entraîneur, c'est comme si on le volait à tous les entraîneurs. Maintenant, allons retrouver tes écussons! »

## L'APPARENCE D'UNE PERSONNE NE DIT RIEN. CE QU'ELLE FAIT DIT TOUT.

En arrivant au tournoi de la Ligue des Pokémon du plateau Indigo, Ash a rencontré un entraîneur qui transportait la flamme sacrée du tournoi, allumée à partir des flammes de Moltres, le légendaire oiseau de feu.

« J'aimerais bien transporter cette torche, dit Ash.

— Seuls les participants de la Ligue des Pokémon peuvent transporter la torche, lui a expliqué l'agente Jenny.

— Mais je suis un participant de la Ligue des Pokémon, a répliqué Ash en montrant ses écussons.

— Je ne sais pas, a répondu l'agente Jenny avec méfiance. Tu as l'air d'un trouble-fête.

— Pourquoi ne pas lui donner sa chance? a demandé un vieil homme à la longue barbe blanche. Après tout, l'habit ne fait pas le moine.

— Qui êtes-vous? a demandé Ash. Vous ressemblez au Père Noël!

— Voici le président Goodshow, chef du comité de la torche de la Ligue des Pokémon, a répondu l'agente Jenny.

— Ouais, il n'a pas l'air d'un président, a répliqué Ash.

— C'est vrai! a dit le président Goodshow. Ce jeune homme a l'air d'un trouble-fête, et je ressemble probablement au Père Noël, mais l'apparence d'une personne n'a aucune importance. C'est ce qu'elle accomplit qui compte. Je crois qu'il devrait transporter la torche! »

Aussitôt dit, aussitôt fait. Ash a finalement transporté la flamme tout au long du parcours, jusqu'au stade Indigo!

## APPRENDS DE TES ERREURS; NE LES LAISSE PAS T'ABATTRE.

Richie, l'ami de Ash, l'a défait un jour au cours d'un tournoi de la Ligue des Pokémon du plateau Indigo. Puis Richie a été défait à son tour au cours de la manche suivante.

Après sa défaite, Ash s'apitoyait sur son sort. Misty et Brock ont bien essayé de lui remonter le moral, mais Ash refusait leurs encouragements et même leur compagnie. Il a donc décidé d'aller se promener pour se retrouver seul avec lui-même, et il est tombé sur Richie.

« Si j'avais su que le tournoi de la Ligue des Pokémon était si difficile, je me serais entraîné deux fois plus fort, pleurnichait Ash.

— Perdre, ce n'est pas la fin du monde, a répliqué Richie. Maintenant, je sais quelles erreurs je dois éviter la prochaine fois. Et je deviendrai un meilleur entraîneur. »

Richie ne s'apitoie pas sur son sort, s'est dit Ash. Il veut simplement s'améliorer et apprendre de ses erreurs.

« Si on se faisait une promesse, Richie? a demandé Ash. Nous travaillerons dur et deviendrons des maîtres de Pokémon, quoi qu'il arrive!

— Marché conclu! » a répondu Richie en serrant la main de son ami.

# MISTY

CHAPITRE

## CHAPITRE

### 7

## LE POINT SUR MISTY

Misty, une dresseuse qui adore les Pokémon d'eau, a décidé de se défaire de ses responsabilités de chef de gym de la ville de Cerulean, afin d'accompagner Ash dans ses aventures. Au début, Misty voyageait avec Ash parce qu'il avait emprunté et démoli sa bicyclette. Elle prévoyait le suivre partout jusqu'à ce qu'il la rembourse. Mais, au fil de leurs nouvelles aventures, de leurs rencontres avec de nouveaux Pokémon et de leurs visites excitantes et exceptionnelles, Misty a perfectionné ses propres talents de dresseuse de Pokémon.

Elle a eu l'occasion de participer au Festival des princesses, événement spécial où ce sont les femmes et les filles qui dirigent, et où les hommes et les garçons doivent leur obéir en tous points. Quel plaisir alors de mener Ash par le bout du nez!

Misty s'est inscrite au concours de reine du Festival des princesses : une série de combats de Pokémon. À l'aide des pouvoirs surnaturels de Psyduck, elle a battu Jessie, de Team Rocket, en finale. Misty a été couronnée reine du Festival des princesses, gagnant par le fait même un ensemble de magnifiques poupées en forme de princesses. Elle rêvait de ce titre depuis qu'elle était toute petite. Durant ses voyages avec Ash et Brock, Misty est retournée chez elle, à Cerulean, lorsque son Horsea est tombé malade. Son Pokémon avait besoin d'une bonne nage dans la piscine du gym de Cerulean pour se remettre.

Misty s'est rendue avec Ash et Brock dans l'archipel Orange. Elle y a rencontré le professeur Ivy, une scientifique qui possède une superbe collection de Pokémon d'eau. Elle a aussi fait la connaissance de Marina, une dresseuse qui partage son amour des Pokémon d'eau et qui a aidé Misty à retrouver le Psyduck qu'elle avait perdu.

Les aventures de Misty se poursuivent, à mesure qu'elle perfectionne ses talents de dresseuse de Pokémon, avec son cher Togepi à ses côtés. Ses autres Pokémon sont Starmie, Staryu, Goldeen, Psyduck et Horsea.

# CHAPITRE POKÉMON
## 8

Les types de Pokémon te permettent de connaître les caractéristiques de chaque Pokémon et les attaques qu'il utilisera pendant un combat. Voici un tableau de consultation rapide qui t'aidera à dresser tes Pokémon et à les utiliser pour des combats.

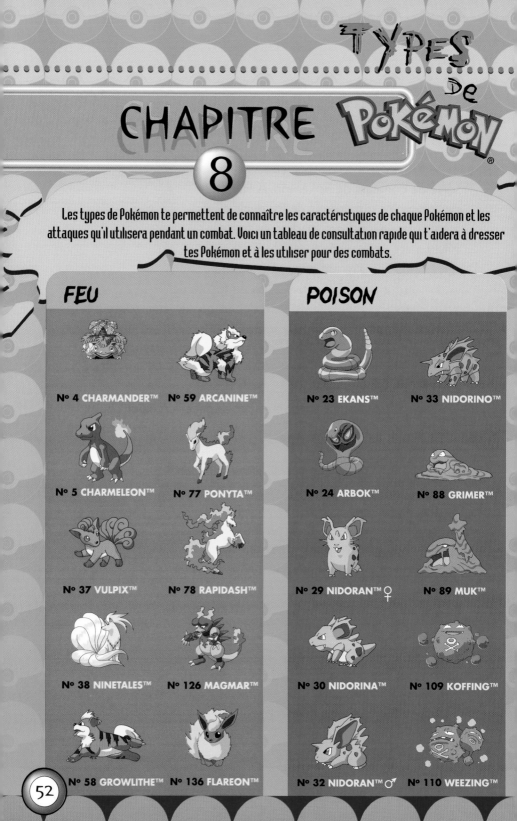

## FEU

N° 4 CHARMANDER™     N° 59 ARCANINE™

N° 5 CHARMELEON™     N° 77 PONYTA™

N° 37 VULPIX™     N° 78 RAPIDASH™

N° 38 NINETALES™     N° 126 MAGMAR™

N° 58 GROWLITHE™     N° 136 FLAREON™

## POISON

N° 23 EKANS™     N° 33 NIDORINO™

N° 24 ARBOK™     N° 88 GRIMER™

N° 29 NIDORAN™ ♀     N° 89 MUK™

N° 30 NIDORINA™     N° 109 KOFFING™

N° 32 NIDORAN™ ♂     N° 110 WEEZING™

# COMBAT

Nº 56 MANKEY™

Nº 57 PRIMEAPE™

Nº 66 MACHOP™

Nº 67 MACHOKE™

Nº 68 MACHAMP™

Nº 106 HITMONLEE™

Nº 107 HITMONCHAN™

# EAU

Nº 7 SQUIRTLE™

Nº 86 SEEL™

Nº 118 GOLDEEN™

Nº 8 WARTORTLE™

Nº 90 SHELLDER™

Nº 119 SEAKING™

Nº 9 BLASTOISE™

Nº 98 KRABBY™

Nº 120 STARYU™

Nº 54 PSYDUCK™

Nº 99 KINGLER™

Nº 129 MAGIKARP™

Nº 55 GOLDUCK™

Nº 116 HORSEA™

Nº 134 VAPOREON™

Nº 60 POLIWAG™

Nº 117 SEADRA™

MARILL™

Nº 61 POLIWHIRL™

# DRAGON

Nº 147 DRATINI™   Nº 148 DRAGONAIR™

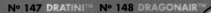

## ÉLECTRIQUE

Nº 25 PIKACHU™

Nº 100 VOLTORB™

Nº 26 RAICHU™

Nº 101 ELECTRODE™

Nº 81 MAGNEMITE™

Nº 125 ELECTABUZZ™

Nº 82 MAGNETON™

Nº 135 JOLTEON™

## SURNATUREL

Nº 63 ABRA™

Nº 97 HYPNO™

Nº 64 KADABRA™

Nº 122 MR. MIME™

Nº 65 ALAKAZAM™

Nº 150 MEWTWO™

Nº 96 DROWZEE™

Nº 151 MEW™

## TERRE

Nº 27 SANDSHREW™

Nº 50 DIGLETT™

Nº 104 CUBONE™

Nº 28 SANDSLASH™

Nº 51 DUGTRIO™

Nº 105 MAROWAK™

## CHAMPS

Nº 114 TANGELA™

## NORMAL

Nº 19 RATTATA™

Nº 39 JIGGLYPUFF™

Nº 108 LICKITUNG™

Nº 132 DITTO™

Nº 20 RATICATE™

Nº 40 WIGGLYTUFF™

Nº 113 CHANSEY™

Nº 133 EEVEE™

Nº 35 CLEFAIRY™

Nº 52 MEOWTH™

Nº 115 KANGASKHAN™

Nº 137 PORYGON™

Nº 36 CLEFABLE™

Nº 53 PERSIAN™

Nº 128 TAUROS™

Nº 143 SNORLAX™

## INSECTE

Nº 10 CATERPIE™

Nº 11 METAPOD™

Nº 127 PINSIR™

## CHAMPS/POISON

Nº 1 BULBASAUR™

Nº 43 ODDISH™

Nº 69 BELLSPROUT™

Nº 2 IVYSAUR™

Nº 44 GLOOM™

Nº 70 WEEPINBELL™

Nº 3 VENUSAUR™

Nº 45 VILEPLUME™

Nº 71 VICTREEBEL™

## EAU/GLACE

Nº 87 DEWGONG™

Nº 91 CLOYSTER™

Nº 131 LAPRAS™

## EAU/SURNATUREL

Nº 79 SLOWPOKE™

Nº 80 SLOWBRO™

Nº 121 STARMIE™

## INSECTE/POISON

Nº 13 WEEDLE™

Nº 14 KAKUNA™

Nº 15 BEEDRILL™

Nº 48 VENONAT™

Nº 49 VENOMOTH™

## GLACE/SURNATUREL

Nº 124 JYNX™

# NORMAL/VOLANT

Nº 16 PIDGEY™

Nº 22 FEAROW™

Nº 17 PIDGEOTTO™

Nº 83 FARFETCH'D™

Nº 18 PIDGEOT™

Nº 84 DODUO™

Nº 21 SPEAROW™

Nº 85 DODRIO™

# ROCHER/TERRE

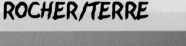

Nº 74 GEODUDE™

Nº 76 GOLEM™

Nº 75 GRAVELER™

Nº 95 ONIX™

# ROCHER/EAU

Nº 138 OMANYTE™

Nº 140 KABUTO™

Nº 139 OMASTAR™

Nº 141 KABUTOPS™

# CHAMPS/ SUPERNATUREL

Nº 102 EXEGGCUTE™

Nº 103 EXEGGUTOR™

# FANTÔME/POISON

Nº 92 GASTLY™

Nº 93 HAUNTER™

Nº 94 GENGAR™

# EXTRÊMES POKÉMON

## FEU / VOLANT

Nº 6 CHARIZARD™

Nº 146 MOLTRES™

## POISON / TERRE

Nº 31 NIDOQUEEN™

Nº 34 NIDOKING™

## INSECTE / VOLANT

Nº 12 BUTTERFREE™

Nº 123 SCYTHER™

## POISON / VOLANT

Nº 41 ZUBAT™

Nº 42 GOLBAT™

## INSECTE / CHAMPS

Nº 46 PARAS™

Nº 47 PARASECT™

## EAU / POISON

Nº 72 TENTACOOL™

Nº 73 TENTACRUEL™

## TERRE / ROCHER

Nº 111 RHYHORN™

Nº 112 RHYDON™

## EAU / VOLANT

Nº 130 GYARADOS™

## EAU / COMBAT

Nº 62 POLIWRATH™

## DRAGON / VOLANT

Nº 149 DRAGONITE™

## ROCHER / VOLANT

Nº 142 AERODACTYL™

## GLACE / VOLANT

Nº 144 ARTICUNO™

## ÉLECTRIQUE / VOLANT

Nº 145 ZAPDOS™

# TON DICTIONNAIRE POKéMON - UN GUIDE ALPHABÉTIQUE DU MONDE DES POKÉMON

**Ambre ancien** — Si tu apportes ce fossile aux scientifiques de l'île de Cinnabar, ils pourront en tirer un Aerodactyl.

**Andidote** — Guérit un Pokémon qui s'est fait empoisonner.

**Archipel** — Groupe d'îles, comme les îles Orange.

**Archipel Orange** — Groupe d'îles se trouvant dans l'océan, qui ont leur propre ligue de gymnases Pokémon, leur propre façon de tenir des combats de Pokémon (en mettant l'accent davantage sur les techniques que sur le combat proprement dit) et des Pokémon différents.

**Blizzard** — Attaque utilisée par les Pokémon de glace, comme Jynx, pour geler un adversaire.

**Bonbon rare** — Décuple l'énergie d'un Pokémon — et a bon goût!

**Brouillard empoisonné** — Utilisé par les Pokémon poison comme Koffing et Weezing pour remplir l'air de fumée empoisonnée.

**Bulles** — Attaque utilisée par les Pokémon d'eau, comme Squirtle, pour ralentir un ennemi.

**Calcium** — Améliore les pouvoirs spéciaux des Pokémon.

**Carbos** — Augmente la vitesse.

**Chant** — Attaque utilisée par des Pokémon de type normal pour endormir leur adversaire.

**Confusion** — Attaque utilisée par les Pokémon surnaturels pour désorienter un adversaire.

**Coup de tonnerre** — Attaque utilisée par les Pokémon électriques pour frapper leur adversaire d'une violente décharge électrique.

**Détecteur de fantômes** — Utilisé pour identifier les Pokémon fantômes de la tour des Pokémon. Elle se trouve dans le village de Lavender.

**Écusson arc-en-ciel** — Écusson de la Ligue Indigo que tu peux obtenir en battant Erika, la chef de gym de la ville de Celadon.

**Écusson cascade** — Écusson de la Ligue Indigo qu'on peut gagner en battant Misty ou ses sœurs, chefs du gymnase de la ville de Cerulean.

**Écusson esprit** — Écusson de la Ligue Indigo que tu peux gagner en battant Koga, chef de gym de la ville de Fuchsia.

**Écusson étoile-de-jade** — Écusson de la Ligue Orange obtenu à la suite d'une victoire sur Luana, chef de gym de l'île des Kumquats.

**Écusson marécage** — Écusson de la Ligue Indigo que tu peux obtenir en battant Sabrina, la chef de gym de la ville de Saffron.

**Écusson œil-de-corail** — Écusson de la Ligue Orange que l'on peut gagner en battant Cissy, chef de gym de l'île de Mikan.

**Écusson oursin** — Écusson de la Ligue Orange que tu peux gagner en battant Rudy, chef de gym de l'île de Trovita.

**Écusson rocher** — Écusson de la Ligue Indigo que l'on gagne en battant Brock, chef de gym de la ville de Pewter.

**Écusson rubis-des-mers** — Écusson de la Ligue Orange que tu peux gagner en battant Danny, chef de gym de l'île de Navel.

**Écusson terre** — Écusson de la Ligue Indigo que l'on obtient en battant Giovanni. Il est le chef de gym de la ville de Viridian et le chef de Team Rocket.

**Écusson tonnerre** — Écusson de la Ligue Indigo que tu peux gagner en battant le lieutenant Surge, chef de gym de la ville de Vermilion.

**Écusson volcan** — Écusson de la Ligue Indigo que l'on peut obtenir en battant Blaine, chef de gym de l'île de Cinnabar.

**Élixir** — Améliore tous les pouvoirs d'un Pokémon.

**Équipe Orange** — Nom donné aux quatre chefs de gym de l'archipel Orange — Cissy, Danny, Rudy et Luana.

**Fer** — Renforce les défenses des Pokémon.

**Feuille coupante** — Attaque utilisée par les Pokémon des champs comme Bulbasaur pour trancher à peu près n'importe quoi.

**Forêt de Viridian** — Réserve naturelle boisée et luxuriante qui s'étend le long de la route qui mène de la ville de Viridian à la ville de Pewter (Route 2). On y trouve de nombreux Pokémon sauvages. Bien des entraîneurs s'y rendent pour capturer des Pokémon sauvages ou pour lancer des défis à d'autres entraîneurs.

**Fossile Dôme** — Si tu apportes ce fossile aux scientifiques de l'île de Cinnabar, ils pourront le changer en Kabuto.

**Fossile Hélix** — Si tu apportes ce fossile aux scientifiques de l'île de Cinnabar, ils pourront l'utiliser pour fabriquer un Omanyte.

**Fouet avec une liane** — Attaque utilisée par les Pokémon des champs, de longs tentacules végétaux sortent de leur dos et immobilisent leur adversaire.

**Gaz empoisonné** — Attaque d'un adversaire par des émanations toxiques.

**Great Ball** — Encore plus efficace pour attraper les Pokémon qu'une Poké Ball.

**GS Ball** — Poké Ball spéciale moitié or, moitié argent. Elle ne peut être transportée d'un laboratoire ou d'un centre des Pokémon à un autre comme les autres Poké Balls. Les scientifiques comme le professeur Ivy et le professeur Oak tentent de trouver une façon d'ouvrir cette balle pour en apprendre davantage à son sujet.

**Hypnose** — Attaque utilisée par les Pokémon surnaturels, comme Drowzee, pour endormir un adversaire.

**Île de Cinnabar** — Au milieu de l'océan, à l'ouest des îles Seafoam, se trouve la minuscule île de Cinnabar. Elle compte un centre des Pokémon, un PokéMart, un laboratoire de Pokémon où d'importantes recherches sur les Pokémon sont effectuées. On y trouve un gymnase où tu peux obtenir ton écusson volcan.

**Île de Murcott** — Île de l'archipel Orange. Elle contient de nombreuses sortes de Pokémon insectes.

**Île de Navel** — Île de l'archipel Orange. Elle contient un gymnase où tu peux gagner ton écusson rubis-des-mers en battant Danny, le chef de gym.

**Île de Pinkan** — Île de l'archipel Orange. Il s'agit d'une réserve de Pokémon protégés — c'est-à-dire que les visiteurs n'y ont pas accès. Tous les Pokémon y sont roses parce qu'ils mangent des roseilles.

**Île des Mandarines** — Île de l'archipel Orange. Elle contient d'immenses gratte-ciel, des théâtres et des commerces.

**Île des Mikan** — Île de l'archipel Orange. Elle contient un gymnase où tu peux obtenir ton écusson œil-de-corail en battant Cissy, la chef de gym.

**Île de Sunburst** — Île de l'archipel Orange. On y trouve de nombreux magasins de cristal et de verre, où l'on peut se procurer de délicates sculptures. On peut aussi, si on est chanceux, y voir un Onyx de cristal.

**Île de Tangelo** — Île de l'archipel Orange. Elle contient le parc des Pokémon, premier parc d'amusement à avoir pour thème les Pokémon.

**Île de Trovita** — Île de l'archipel Orange. Elle contient un gymnase où tu peux gagner ton écusson oursin en battant Rudy, chef de gym de l'île.

**Île de Valencia** — Île de l'archipel Orange. On y trouve le laboratoire de recherches du professeur Ivy.

**Îles de Seafoam** — Groupe d'îles situé pas très loin de la côte où se trouve la ville de Fuchsia. Beaucoup de Pokémon d'eau y vivent.

**Îles des Pamplemousses** — Groupe d'îles de l'archipel Orange. Elles sont reconnues pour les énormes et délicieux pamplemousses qui y poussent.

**Îles du Sud** — Groupe d'îles de l'archipel Orange. On y trouve certains Pokémon uniques comme Farfetch'd, un Pokémon canard sauvage, et le trio des oiseaux rares légendaires — Articuno, Zapdos et Moltres!

**Jet d'eau** — Attaque utilisée par les Pokémon d'eau, comme Squirtle et Starmie, pour diriger un jet d'eau sur un adversaire.

**Laboratoire du professeur Oak** — Au village de Pallet, se trouve le plus grand expert Pokémon au monde. C'est là que de nombreux entraîneurs se rendent pour choisir leur premier Pokémon : Squirtle, Bulbasaur ou Charmander.

**Lance-flammes** — Attaque utilisée par les Pokémon de feu comme Charizard et Magmar pour calciner leur adversaire.

**Lotion anti-paralysante** — Permet de libérer un Pokémon qui ne peut plus bouger.

**Lotion contre les brûlures** — Soulage les Pokémon qui sont brûlés par des attaques de feu.

**Lotion réchauffante** — Permet de dégeler les Pokémon congelés.

**Lotion régénératrice** — Guérit tous les maux des Pokémon.

**Master Ball** — Cette version de la Poké Ball a un taux de réussite de capture de Pokémon de cent pour cent. Mais tu ne peux en avoir qu'une!

**Mont Moon** — Remplie de cavernes sinueuses et tortueuses, cette montagne renferme aussi des Pokémon fossiles rares. On y trouve aussi beaucoup de Paras, de Geodude, de Golem, de Graveler, de Clefairy et de Clefable. Attention à Team Rocket! Ces voleurs y viennent souvent pour s'emparer des Pokémon rares et précieux.

**Pierre d'eau** — Déclenche l'évolution de certains Pokémon d'eau, comme Shellder et Poliwhirl.

**Pierre de feu** — Déclenche l'évolution de certains Pokémon de feu comme Growlithe et Vulpix.

**Pierre de feuille** — Déclenche l'évolution de certains Pokémon des champs, comme Exeggcute et Weepinbell.

**Pierre de Lune** — Déclenche l'évolution de certains Pokémon comme Clefairy, Jigglypuff, Nidorina et Nidorino.

**Pierre de tonnerre** — Déclenche l'évolution de certains Pokémon électriques comme Pikachu.

**Plateau Indigo** — Lieu où se tient chaque année le tournoi de la Ligue des Pokémon.

**Poké Ball** — Outil de base permettant d'attraper des Pokémon sauvages et de transporter partout les Pokémon que tu as capturés. Il suffit d'appuyer sur le bouton pour libérer ton Pokémon ou pour le rappeler.

**Pokédex** — Ordinateur portatif contenant des renseignements sur tous les Pokémon connus. Il contient également des données sur les nouveaux Pokémon, recueillies par des entraîneurs. L'ordinateur tient un registre des Pokémon qu'un entraîneur a vus et capturés.

**Poké flûte** — Réveille les Pokémon endormis.

**Pokémopolis** — Cité mythique où les Pokémon étaient vénérés comme les symboles des pouvoirs de la nature. On croit que la ville a été engloutie dans une effroyable tempête.

**Pompe à eau** — Attaque utilisée par les Pokémon d'eau, comme Squirtle, pour assommer l'ennemi par un jet d'eau puissant.

**Potion** — Guérit les blessures des Pokémon.

**Potion ravigotante** — Réveille un Pokémon qui s'est fait endormir.

**Protéine** — Augmente la puissance d'attaque des Pokémon.

**Q.I.** — Quotient intellectuel.

**Rayon psychique** — Attaque utilisée par les Pokémon surnaturels, comme Kadabra et Alakazam, pour désorienter leur adversaire.

**Revigorant** — Réveille un Pokémon inconscient.

**Route 1** — Chemin qui part du village de Pallet et va vers le nord jusqu'à la ville de Viridian.

**Route 2** — Route principale reliant la ville de Viridian à la ville de Pewter.

**S.S. Anne** — Navire de croisière amarré dans la ville de Vermilion. Les entraîneurs de Pokémon professionnels et amateurs s'y donnent rendez-vous chaque année pour une croisière de luxe pendant laquelle sont organisés des combats de Pokémon.

**Tourbillon de feu** — Attaque utilisée par les Pokémon de feu, comme Charizard, pour brûler leurs ennemis.

**Type champs** — Pokémon qui ont certaines caractéristiques des plantes. Par exemple : Bulbasaur, Gloom et Bellsprout.

**Type combat** — Pokémon qui se spécialisent dans les combats à mains nues, les arts martiaux et la boxe. Par exemple : Primeape, Machop et Hitmonchan.

**Type dragon** — Pokémon qui ont les caractéristiques des gros reptiles. On ne connaît que trois Pokémon Dragon : Dratini, Dragonair et Dragonite.

**Type eau** — Pokémon qui vivent dans des lacs, rivières, océans ou étangs, ou à proximité, et qui ont la capacité de projeter des jets d'eau sur leurs adversaires. Par exemple : Squirtle, Goldeen et Staryu.

**Type électrique** — Pokémon qui ont le pouvoir de frapper leurs adversaires avec des décharges électriques puissantes. Par exemple : Pikachu, Magnemite et Electabuzz.

**Type fantôme** — Pokémon qui peuvent traverser les murs, devenir invisibles et hanter les maisons et les vieux bateaux. On n'en connaît que trois : Gastly, Haunter et Gengar.

**Type feu** — Pokémon qui ont le pouvoir de griller leurs adversaires avec des attaques brûlantes. Par exemple : Charmander, Ninetales et Magmar.

**Type glace** — Pokémon qui ont le pouvoir de congeler leur adversaire. Il n'y a aucun Pokémon uniquement de glace. Mais il existe plusieurs Pokémon qui ont la glace comme type secondaire. Par exemple : Dewgong, Cloyster et Lapras.

**Type insecte** — Pokémon qui ont les caractéristiques des insectes, par exemple : Weedle, Beedrill et Scyther.

**Type normal** — Pokémon qui n'ont rien de particulier en commun. Par exemple : Clefairy et Meowth. De nombreux Pokémon de type normal ont des types secondaires qui définissent mieux leurs caractéristiques. Par exemple : Farfetch'd (type secondaire : volant).

**Type poison** — Pokémon qui ont la capacité d'attaquer leurs adversaires avec des gaz toxiques, et des piqûres et de la boue empoisonnées. Par exemple : Nidoran, Grimer et Ekans.

**Type rocher** — Pokémon robustes et résistants qui semblent faits de pierre. Par exemple : Geodude, Graveler et Onix.

**Type surnaturel** — Pokémon qui attaquent leurs adversaires en utilisant leur puissante énergie mentale. Par exemple : Drowzee, Alakazam et Mr. Mime.

**Type terre** — Pokémon qui creusent dans le sol et y vivent. Par exemple : Sandshrew, Dugtrio et Cubone.

**Type volant** — Pokémon qui peuvent voler. Par exemple : Pidgey, Spearow et Aerodactyl.

**Ultra Ball** — Un des outils les plus efficaces pour capturer des Pokémon.

**Village de Lavender** — C'est dans ce petit village que se trouve la tour des Pokémon, un endroit où les chers Pokémon défunts trouvent leur dernier repos. Les entraîneurs dévoués participent à des services commémoratifs qui se tiennent dans la tour en l'honneur de leurs Pokémon bien-aimés. Il semble que la tour est hantée par des esprits maléfiques. Tu trouveras aussi, au village de Lavender, un centre des Pokémon et un PokéMart.

**Village de Pallet** — Ville où sont nés Ash Ketchum et Gary Oak. C'est là où commence le voyage de nombreux jeunes entraîneurs.

**Ville de Celadon** — Elle compte un centre des Pokémon, un magasin très bien approvisionné, une salle de jeux et un gymnase où tu peux gagner ton écusson arc-en-ciel.

**Ville de Cerulean** — Ville d'où est originaire Misty (chef de gym). Elle compte un centre des Pokémon, un PokéMart, un magasin de vélos, un centre d'échange de Pokémon et un gymnase où tu peux obtenir ton écusson cascade.

**Ville de Pewter** — Lieu de naissance de Brock (le chef de gym). On y trouve un centre des Pokémon, un PokéMart, un musée des sciences comprenant une collection de fossiles de Pokémon, de même qu'un gymnase où tu peux obtenir ton écusson rocher.

**Ville de Saffron** — C'est la plus grande ville du pays. On y trouve un centre des Pokémon, un PokéMart, le siège social de la compagnie Silph (exploitée par Team Rocket) et deux gymnases! Il y a un gymnase de Pokémon ordinaire où tu peux gagner ton écusson marécage en battant Sabrina, la chef de gym. Il y a également le gymnase de combat Dojo, réservé exclusivement aux Pokémon de combat. Si tu réussis à battre le maître de karaté de ce gymnase, il te remettra un Pokémon : Hitmonlee ou Hitmonchan.

**Ville de Vermilion** — Le navire de croisière Pokémon S.S. Anne est amarré au port de cette ville. On y trouve également un centre des Pokémon, un PokéMart, un centre d'échange de Pokémon, le siège social du fan club des Pokémon et un gymnase où tu peux obtenir ton écusson tonnerre.

**Ville de Viridian** —Ville plus grande que le village de Pallet. On y trouve un centre des Pokémon, un PokéMart et un gymnase où, si tu réussis à battre Giovanni, tu obtiendras ton écusson terre.

**Ville Fuchsia** — Cette ville située au bord de la mer contient la Zone Safari, où l'on retrouve de nombreux Pokémon rares et uniques. Cette ville comporte également un centre des Pokémon, un PokéMart et un gymnase où tu peux gagner ton écusson esprit.

# CHAPITRE 10

## SOLIDE COMME LE BROCK!

Brock est plus âgé que Ash et Misty, il a aussi plus d'expérience dans le dressage des Pokémon. Il a acquis cette expérience en tant que chef du gymnase de la ville de Pewter, un emploi qu'il occupait tout en élevant ses dix frères et sœurs.

Lorsque son père est revenu à la maison pour prendre soin de la famille, Brock a pris la route avec Ash et Misty. Il est souvent la voix de la raison du trio, donnant des conseils aux deux jeunes entraîneurs qui sont rapidement devenus ses amis. Brock ne veut jamais utiliser ses Pokémon dans des combats. Son but est de devenir le plus grand éleveur de Pokémon du monde. Il adore prendre soin de ses Pokémon et veut en apprendre toujours plus sur eux.

Un jour, Brock s'est rendu dans l'archipel Orange avec Ash et Misty. Ils allaient chercher une mystérieuse Poké Ball à la demande du professeur Ivy, une collègue du professeur Oak. Lorsque les trois amis sont arrivés au laboratoire du professeur Ivy sur l'île de Valencia, Brock a été fasciné par les recherches que le professeur effectuait sur les effets de l'environnement sur les Pokémon.

Brock s'est immédiatement mis au travail pour aider le professeur Ivy. Il a nourri des Pokémon entêtés qui refusaient de manger. Il a balayé le plancher, fait le lavage, préparé les repas, nettoyé et épousseté. En très peu de temps, il s'est senti tout à fait chez lui. Quand il a réalisé qu'il pouvait se révéler très utile pour le professeur Ivy, tant comme chercheur que comme homme à tout faire, Brock a décidé d'interrompre ses voyages avec Ash et Misty et de rester au laboratoire du professeur Ivy pour un certain temps.

Il semble promis à un brillant avenir d'éleveur de Pokémon! Parmi les Pokémon que Brock possède, notons Geodude, Onix, Zubat et Vulpix.

# QUESTIONS PIÈGES

## CHAPITRE

### 11

TU TROUVERAS LES ÉPONSES À TOUTES LES QUESTIONS ET ÉNIGMES À PARTIR DE LA PAGE 104

### JEUX, QUESTIONS, RIGOLADES ET TOUT LE TRALALA!

## QUIZ SUR LA PERSONNALITÉ DES POKéMON

À QUEL POKÉMON RESSEMBLES-TU LE PLUS? ET TES AMIS? ASSOCIE TES CAMARADES DE CLASSE (ET MÊME TON ENSEIGNANT) AUX POKÉMON CI-DESSOUS.

**Alakazam™** — D'une intelligence supérieure, un vrai génie! Brillant. Q.I. élevé. Tu vois le genre? Ce Pokémon est vraiment un surdoué!

**Bulbasaur™** — Il peut être cynique et il se plaint un peu, mais ce Pokémon est loyal, aimant et déterminé.

**Chansey™** — Même s'il est mystérieux et parfois fuyant, il peut se révéler un véritable ami et t'apporter beaucoup de bonheur.

**Charizard™** — En un mot : entêté. Il fait ce qu'il veut, pas ce qu'on lui dit!

**Clefable™** — Très très timide. Il faut le traiter avec beaucoup d'amour et de douceur avant de mériter sa confiance.

**Clefairy™** — Doux, gentil, mignon, innocent, amical et paisible. Un compagnon aimant.

**Ditto™** — Un vrai suiveur. Il veut toujours faire comme les autres et leur ressembler. Il s'habille comme ses amis, parle comme ses amis, agit comme ses amis.

**Drowzee™** — Quel endormi! Toujours prêt à piquer un petit somme!

**Ekans™** — Enjôleur et manipulateur. Entraîneurs, attention!

**Gengar™** — Une vraie brute. Il aime effrayer les gens et rire d'eux lorsqu'ils ont peur.

**Goldeen™** — Cool et ultra-chic. Il sait vraiment comment s'habiller.

**Grimer™** — Le roi de la malpropreté! Ce Pokémon a vraiment besoin d'un bain! Sa place est dans la soue à cochons!

**Gyarados™** — Quel sale caractère!

**Jynx™** — Il adore danser et encourage les autres à en faire autant. Il se démène vraiment sur la piste de danse!

**Kangaskhan™** — Très maternel. Il prend soin des bébés, des animaux et de tous ceux qui ont besoin d'amour et d'affection. Loyal et très protecteur.

**Krabby™** — En plus d'être déplaisant, il n'arrête pas de se plaindre.

**Lapras™** — Il a bon caractère, il est doux, généreux et serviable. Il n'aime pas les conflits. C'est un trésor!

**Machop™** — Compagnon loyal et professeur patient. Il adore étudier les arts martiaux et enseigner ses connaissances à d'autres.

**Mankey™** — Caractère colérique et explosif. Entendre une Poké Ball tomber peut le mettre hors de lui!

**Meowth™** — Ambitieux, fripon et rusé. Peut mentir, tricher et voler pour obtenir ce qu'il veut. Très bavard.

**Ninetales™** — Rancunier. Si tu te le mets à dos, il prendra sa revanche, même s'il lui faut attendre mille ans!

**Pidgeotto™** — Il protège ses biens, de même que les personnes et les Pokémon qu'il aime.

**Pikachu™** — Est sujet à des sautes d'humeur. Il lui faut du temps pour s'habituer aux nouvelles personnes, mais une fois sa confiance gagnée, c'est un ami loyal et fiable. Robuste et déterminé.

**Porygon™** — Un vrai crack de l'informatique! Il vit dans l'espace cybernétique. Lorsqu'il n'est pas branché, il n'existe pas.

**Sandshrew™** — Très capricieux pour la nourriture!

**Shellder™** — Immature, il adore taquiner les gens. Il peut te tirer la langue ou même cracher sur toi!

**Slowpoke™** — Lent dans tous les sens du mot.

**Snorlax™** — Paresseux et toujours affamé. Ce Pokémon ne vit que pour manger et dormir.

**Squirtle™** — Si mignon qu'on a envie de le serrer contre soi, mais quand même puissant. Un bon ami qui a un excellent sens de l'humour. Il aime bien jouer des tours.

**Tauros™** — Entêté au caractère bouillant. Il se bat d'abord et pose des questions ensuite.

**Zubat™** — Avec Zubat c'est : à moi, à moi, à moi! Il peut voler l'énergie des gens et des Pokémon qui entrent en contact avec lui, mais peut aussi devenir un bon ami.

# DEUINETTES DE BLAINE

BLAINE, CHEF DE GYM DE L'ÎLE DE CINNABAR, AIME BIEN POSER DES DEUINETTES. COMBIEN PEUX-TU EN DÉCHIFFRER?

**1** Que fait un volcan lorsqu'il se met en colère?

**2** Blaine dit à Ash : « Mon gymnase est un endroit où tu mets tes lunettes. » Où est-il?

**3** J'ai des aiguilles, mais je ne suis pas une couturière.

**4** Va à l'endroit où les pompiers ne gagnent jamais. Où est-ce?

**5** Ce n'est pas un chapeau, mais elle garde la tête au sec. Ceux qui la portent n'en ont plus. Qu'est-ce que c'est?

**6** Je suis, avec Onix, le seul Pokémon dont le nom propre est aussi un nom commun. Qui suis-je?

**7** Il traverse le pays sans quitter son lit. Qui est-ce?

**8** Mon premier recouvre tout ton corps. Mon deuxième est un endroit où accostent les navires. Mon troisième est un autre nom pour une montagne. Mon tout est un monstre de poche.

# DE QUEL POKéMON S'AGIT-IL?

Nous avons fait des super gros plans des Pokémon. D'après toi…
## DE QUEL POKéMON S'AGIT-IL?

## ET LE GAGNANT EST...

Experts en Pokémon, à vous de jouer! Qui gagnera les combats ci-dessous? Quel Pokémon est le plus fort lorsque tu compares leurs types? En te fiant aux types de Pokémon et en tenant pour acquis que chaque Pokémon a le même niveau d'expérience, trouve celui qui gagnera la bataille.

COMBAT N° 1 : SANDSLASH c. JYNX

Le gagnant est ...............................

COMBAT N° 2 : WEEZING c. GLOOM

Le gagnant est ...............................

COMBAT N° 3 : PIKACHU c. GOLEM

Le gagnant est ...............................

COMBAT N° 4 : KADABRA c. PRIMEAPE

Le gagnant est ...............................

# JEUX, QUESTIONS ET RIGOLADES

COMBAT N° 5 : SCYTHER c. CHARIZARD

Le gagnant est .....................................

COMBAT N° 6 : PIKACHU c. POLIWRATH

Le gagnant est .....................................

COMBAT N° 7 : GRAVELER c. VULPIX

Le gagnant est .....................................

COMBAT N° 8 : MAGNETON c. CUBONE

Le gagnant est .....................................

COMBAT N° 9 : VICTREEBEL c. PINSIR

Le gagnant est .....................................

COMBAT N° 10 : HITMONCHAN c. DODRIO

Le gagnant est .....................................

# COMBATS DE POKéMON CLASSIQUES

Qu'il s'agisse d'une lutte acharnée ou d'un concours d'habileté, les combats de Pokémon sont toujours très excitants. Voici deux des combats les plus mémorables de tous les temps!

## ASH c. CISSY, CHEF DE GYM DE L'ÎLE DE MIKAN, POUR L'ÉCUSSON OEIL-DE-CORAIL DE LA LIGUE ORANGE.

Pour la première fois, au cours de ce combat, Ash affronte un membre de l'équipe Orange. Pour la première fois, Ash doit utiliser ses techniques d'entraîneur de Pokémon pour une confrontation très physique, mais dans un affrontement plus technique.

Le premier défi consiste, pour les Pokémon, à faire tomber le plus de boîtes de conserve en utilisant leur jet d'eau. Ash choisit Squirtle, et Cissy choisit Seadra.

« Jet d'eau, maintenant! » ordonne Cissy.

FLIC!

Seadra fait tomber chaque boîte sans problème.

Squirtle est habile lui aussi, et il a fait tomber autant de boîtes que Seadra.

Le défi suivant consiste à atteindre des cibles mouvantes avec les jets d'eau. Des pigeons d'argile sont lancés dans les airs. Seadra commence.

FLIC! FLAC! FLOC!

Seadra atteint toutes les cibles. On lance deux, puis trois cibles à la fois, et Seadra n'en rate pas une.

Mais encore une fois, le Squirtle de Ash fait tout comme Seadra, et inscrit lui aussi un score parfait. Les deux Pokémon sont nez à nez.

« Maintenant, nous lancerons une seule cible et nous verrons qui la touche le premier », explique Cissy.

« Un concours de rapidité! s'exclame Ash. Parfait! »
Un, deux, trois… ALLEZ-Y!

Squirtle et Seadra frappent la cible exactement en même temps!
C'est toujours l'égalité…

… qu'il faut briser!

« Sur l'île de Mikan, pour briser l'égalité, les Pokémon doivent faire du surf, explique Cissy. Les Pokémon doivent nager dans l'océan, contourner une bouée, puis surfer sur une vague pour revenir au rivage. Durant tout ce temps, leur entraîneur doit les chevaucher! »

« Lapras, je te choisis! s'écrie Ash. Nous allons gagner une petite course de natation! »

Cissy choisit Blastoise.

Ash chevauche Lapras, et Cissy chevauche Blastoise. Les deux Pokémon sont nez à nez.

Blastoise, le plus fort des deux Pokémon, donne un coup à Lapras. Ash perd l'équilibre. Lapras plonge et le rattrape avant qu'il ne s'enfonce dans les eaux profondes.

Blastoise est en tête. « On se revoit à la ligne d'arrivée! » se moque Cissy.

Lapras donne une idée à Ash. Ash ordonne à Lapras de lancer un jet de glace vers le rivage. Lapras n'a plus qu'à glisser sur le chemin de glace qu'il s'est créé. Glisser sur la glace est encore plus rapide que nager. Lapras arrive au rivage avant Blastoise et permet à Ash d'obtenir son premier écusson de l'archipel Orange!

## ASH c. DANNY, CHEF DE GYM DE L'ÎLE DE NAVEL, POUR L'ÉCUSSON RUBIS-DES-MERS DE LA LIGUE ORANGE.

Un tout autre concours d'habileté attend Ash lorsqu'il lance un défi à Danny, chef de gym de l'île de Navel. En gagnant, Ash peut obtenir son deuxième écusson de l'archipel Orange et compléter la moitié du tournoi de la Ligue Orange.

Avant même de rencontrer Danny et ses Pokémon, Ash doit escalader une montagne couverte de neige — sans l'aide de ses Pokémon! Luttant contre le vent, la neige et la glace, Ash réussit à atteindre le sommet. Danny est impressionné par la détermination de Ash et le met au défi de participer, avec ses Pokémon, à une épreuve de force sans pareille.

La compétition est divisée en trois parties. Tout d'abord, les Pokémon des deux entraîneurs s'affrontent : leur tâche consiste à congeler un geyser duquel jaillit de l'eau bouillante.

« Nidoqueen, je te choisis! » s'écrie Danny, en choisissant un Pokémon reconnu pour sa puissante attaque de glace.

« Une attaque de glace, hein? » interroge Ash. Il sort une Poké Ball. « Dans ce cas, je te choisis, Lapras! »

Les deux entraîneurs lancent leur attaque au même moment.

« Faisceau glacial! » crient-ils.

Lapras et Nidoqueen soufflent leur haleine glaciale sur l'eau qui gicle.

« Vas-y, Lapras! » encourage Ash.

« Nidoqueen, pleine puissance maintenant! » ordonne Danny.

Ash observe et voit avec stupéfaction le faisceau glacial de Nidoqueen s'intensifier et geler le geyser entier en un bloc de glace bien dur.

« On dirait bien que j'ai gagné la première manche, clPollyronne Danny. Dans la deuxième, il faut sculpter la glace que nous avons créée. Le premier qui réussit à sculpter un traîneau à partir de ce bloc de glace, avec l'aide de seulement trois Pokémon, gagne. »

« Je choisis Pikachu, Bulbasaur et Charizard! » s'écrie Ash.

« Et moi, Machoke, Scyther et Nidoqueen », annonce Danny.

Cinq des six Pokémon se mettent immédiatement au travail, chauffant, tapant et ciselant les blocs de glace. Charizard se contente de s'asseoir, évitant le regard de Ash et affichant un air ennuyé.

« Allez, Charizard! l'encourage Ash. Je ne pourrai pas gagner sans toi! »

Charizard regarde Ash — puis utilise une puissante attaque lance-flammes. Lorsque les flammes et la fumée se dissipent, le traîneau de Ash est terminé… avant celui de Danny.

« Eh bien, je ne sais pas exactement comment tu as fait ça, dit Danny, mais tu as gagné la deuxième manche! La manche finale et décisive est une course de traîneaux jusqu'au pied de la montagne. Le premier à atteindre la plage gagne. »

Ash et Danny sautent dans leurs traîneaux et dévalent la montagne avec leurs Pokémon. Pendant la descente, Ash rebondit dans tous les sens. Bulbasaur tente de stabiliser le traîneau en lançant une vigne. « Danny ne m'a pas dit que la descente serait si mouvementée! »

Danny est en tête et est presque arrivé en bas lorsque Ash glisse sur une corniche, file dans les airs et traverse la ligne d'arrivée… juste avant lui!

« Tu es excellent, Ash, le félicite Danny. Tu as bien choisi tes Pokémon et tu as gagné deux des trois manches. J'ai le plaisir de te remettre l'écusson rubis-des-mers!

— Super! s'exclame Ash. Je n'aurais pas pu gagner sans mes Pokémon! »

# LIVRE DES RECORDS DU MONDE DES POKéMON

## LE PLUS GROS POKéMON

ONIX™
(Plus de 8 m 50 de long)

## LE PLUS PETIT POKéMON

DIGLETT™
(Seulement 20 cm de long)

## LE POKéMON LE PLUS LÉGER

GASTLY™ & HAUNTER™
(Ils ne pèsent que 90 g chacun)

## LE POKéMON LE PLUS LOURD

SNORLAX™
(456 kilos)

# JEUX, QUESTIONS ET RIGOLADES

**LE POKéMON LE PLUS LENT**

SLOWPOKE™
(Il déteste bouger)

**LE POKéMON LE PLUS STUPIDE**

SLOWPOKE™
(Gagnant dans deux catégories, quel honneur!)

**LE POKéMON LE PLUS INTELLIGENT**

ALAKAZAM™
(Q.I. de 5 000)

**LE POKéMON LE PLUS DIFFICILE À CAPTURER**

MEWTWO™
(Machine à combat créée par
manipulation génétique.)

**LE POKéMON LE PLUS SPÉCIAL**

EEVEE™
(Peut évoluer en trois différents Pokémon,
selon la pierre d'élément utilisée.)

**LE POKéMON LE PLUS CÉLÈBRE**

PIKACHU™
(Qui d'autre?)

## TESTE LE Q.I. DE TON POKé
### Vrai ou faux?

① Un Dragonite est aussi intelligent qu'un humain.

VRAI ☐     FAUX ☐

② Vileplume ne peut évoluer en Gloom qu'avec la pierre de feuille.

VRAI ☐     FAUX ☐

③ Exeggutor a quatre têtes.

VRAI ☐     FAUX ☐

④ La nuit, Venonat aime voler près des lumières brillantes.

VRAI ☐     FAUX ☐

⑤ Le surnom de Tentacruel est « poulet des mers ».

VRAI ☐     FAUX ☐

**6** Il n'y a qu'un seul Togepi connu dans le monde.

VRAI ☐    FAUX ☐

**7** Lorsque Caterpie évolue en Metapod, il devient un féroce combattant.

VRAI ☐    FAUX ☐

**8** Dodrio a une tête joyeuse, une tête triste et une tête sage.

VRAI ☐    FAUX ☐

**9** En utilisant sa technique de repos, Dewgong peut retrouver la santé.

VRAI ☐    FAUX ☐

**10** L'armure de Cubone est fait des os des Pokémon qu'il a vaincus.

VRAI ☐    FAUX ☐

**11** Les chercheurs du domaine des Pokémon connaissaient Mew grâce à des gravures découvertes sur les murs de cavernes.

VRAI ☐    FAUX ☐

**12** Les cornes du Nidoran femelle sont plus grandes que celles du mâle.

VRAI ☐    FAUX ☐

**13** On trouve les Clefairy à l'intérieur du mont Moon.

VRAI ☐     FAUX ☐

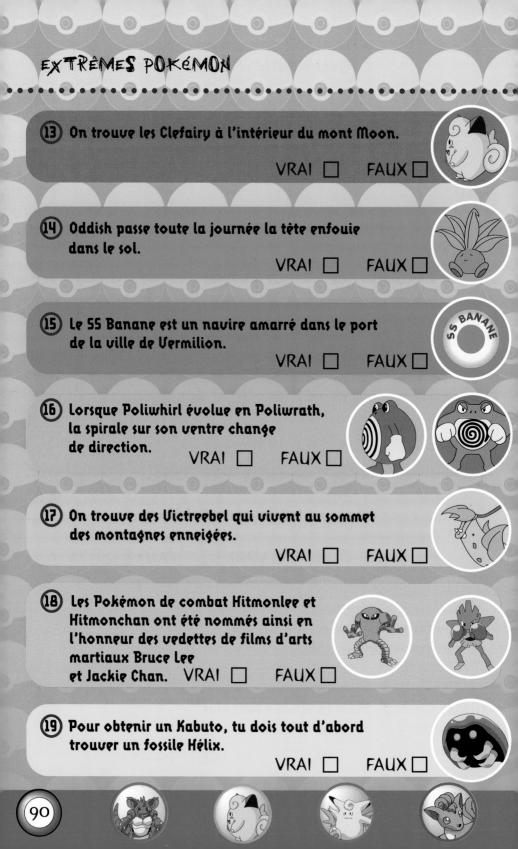

**14** Oddish passe toute la journée la tête enfouie dans le sol.

VRAI ☐     FAUX ☐

**15** Le SS Banane est un navire amarré dans le port de la ville de Vermilion.

VRAI ☐     FAUX ☐

SS BANANE

**16** Lorsque Poliwhirl évolue en Poliwrath, la spirale sur son ventre change de direction.

VRAI ☐     FAUX ☐

**17** On trouve des Victreebel qui vivent au sommet des montagnes enneigées.

VRAI ☐     FAUX ☐

**18** Les Pokémon de combat Hitmonlee et Hitmonchan ont été nommés ainsi en l'honneur des vedettes de films d'arts martiaux Bruce Lee et Jackie Chan.

VRAI ☐     FAUX ☐

**19** Pour obtenir un Kabuto, tu dois tout d'abord trouver un fossile Hélix.

VRAI ☐     FAUX ☐

# TEAM ROCKET

## CHAPITRE 12

### TEAM ROCKET À L'ATTAQUE (ENCORE...)!

Question : Combien de membres de Team Rocket faut-il pour changer une ampoule?

Réponse : Trois, mais il leur faut tout d'abord trouver des déguisements idiots, inventer une machine extrêmement compliquée, établir un plan ridicule, puis tout faire rater!

Jamais dans l'histoire n'a-t-on vu des méchants aussi peu doués que les trois principaux agents de Team Rocket : Jessie, James et leur Pokémon parlant, Meowth. Ils travaillent pour le chef de gym de la ville de Viridian et patron de Team Rocket, Giovanni. Leur mission est simple : voler des Pokémon rares et précieux pour leur patron. Ce qui n'est jamais simple, c'est la façon dont ils s'acquittent de leur mission.

Le Pokémon qui les intéresse le plus est nul autre que le Pikachu de Ash.

Il est animé d'une détermination et a d'incroyables pouvoirs pour un si mignon petit Pokémon. Combien de fois Team Rocket a réussi à attraper Pikachu dans des cages, des boîtes, des sacs à l'épreuve de l'électricité! Les trois lascars ne manquent décidément pas d'imagination! Mais chaque fois, l'ingénieux petit Pokémon a réussi à s'échapper. Parmi les autres plans pour voler Pikachu, notons qu'ils essaient de se protéger avec des habits, des masques, des bottes, des gants ou des casques en caoutchouc... ça te donne une idée? Chaque fois, Team Rocket se fait propulser vers la stratosphère par la puissante attaque éclair de foudre de Pikachu.

## JESSIE ET JAMES

James est le « cerveau » de Team Rocket. C'est ce qui explique pourquoi leurs plans pour kidnapper les Pokémon se terminent invariablement par un échec. James est toujours en train d'élaborer et d'inventer des stratagèmes qui ne marchent jamais comme il l'aurait souhaité.

Ses plans consistent toujours à faire porter aux trois membres de Team Rocket (y compris Meowth) des déguisements qui trompent Ash et ses amis durant à peine deux minutes. Après, tous voient clair dans leur jeu et se rendent compte que le trio est à l'œuvre de nouveau.

Les plans de James font souvent intervenir des machines compliquées aux multiples fils, tubes, boyaux, etc.

Ces machines sont supposées faire des choses : par exemple attirer les Pokémon à la manière d'un aspirateur ou filtrer les Pokémon d'eau se trouvant dans une piscine. Elles finissent toujours par exploser et envoyer Team Rocket bien haut dans les airs sur un souffle d'air ou sur un jet d'eau.

À l'occasion, James a un petit éclair de lucidité. Comme la fois où Ash, Misty et Brock ont vu Dragonite, le Pokémon Dragon très rare, pendant leur visite à une personne qui faisait des recherches sur les Pokémon dans un phare. Les membres de Team Rocket se sont cachés dans les falaises sous le phare en espérant capturer le Pokémon unique et mystique, qui est arrivé en flottant sur l'océan. Jessie a lancé une fusée qui a frappé directement Dragonite. La créature a hurlé de douleur. À ce moment, James n'était plus certain de bien agir en faisant du mal à une créature si rare.

Jessie, toutefois, a mis fin à la crise de conscience de James en lançant une autre fusée en plein sur le Pokémon qui se sauvait et qui est disparu à nouveau dans le brouillard de la mer. Il ne fait aucun doute que Jessie est la plus cruelle des deux. Et c'est elle qui porte le pantalon. Elle est dure mais enjôleuse, aime donner des ordres et se fâche facilement. Elle semble tirer autant de plaisir à engueuler James qu'à tenter de capturer des Pokémon.

Jessie rêve de célébrité et de fortune, et croit que chaque projet imaginé par Team Rocket sera celui qui saura plaire à Giovanni et la catapulter parmi les superstars. Pourtant, avec des plans, des déguisements et des machines si dérisoires, il semble peu probable que Jessie et James mettent un jour la main sur Pikachu (ou tout autre Pokémon précieux)!

Pokémon de Jessie : Arbok, Lickitung, Meowth.

Pokémon de James : Weezing, Victreebel, Growlithe (reste à la maison avec sa famille), Meowth.

Credo de Jessie et James : Lorsqu'ils sont démasqués, Jessie et James aiment bien révéler leur identité (comme si tout le monde ne la connaissait pas déjà!). Ils commencent donc à réciter leur credo, qui va comme suit :

## CREDO DE JESSIE ET JAMES

Nous sommes de retour
Pour vous jouer un mauvais tour!
Pour protéger le monde de la dévastation
Pour unir tous les peuples au sein de notre nation
Pour dénoncer les fléaux de l'amour et de la vérité
Pour étendre notre pouvoir jusqu'à la voie lactée
Jessie!
James!
Team Rocket! Attaque à la vitesse de la lumière!
Rendez-vous ou ça va barder!
( À ce moment, Meowth met son grain de sel
en ajoutant : )
« Meowth! C'est ça! »

## MEOWTH

Et à propos de Meowth, le membre Pokémon du trio Team Rocket est le seul Pokémon qui parle comme un humain. Meowth, qui a l'air d'un dur de dur, est à bien des égards le plus intelligent des membres de Team Rocket.

C'est habituellement lui qui réussit à capturer Pikachu. C'est lui qui pilote la grosse montgolfière à son effigie, avec laquelle le terrible trio se déplace d'un endroit à un autre.

Et c'est souvent Meowth qui fait remarquer à James à quel point son dernier plan est stupide.

Ce chat corrompu a tout un caractère, et ses griffes le rendent dangereux. Plus souvent qu'autrement, Jessie et James sont victimes de crises de colère, véritables tourbillons de coups de griffes qui se terminent par des visages bien égratignés. Mais tout de même, ils sont les entraîneurs de Meowth, et le vilain félin suit habituellement leurs ordres.

## BUTCH ET CASSIDY

Jessie et James ne sont pas les seuls agents diaboliques qui travaillent pour Giovanni et Team Rocket. Un autre duo démoniaque, Butch et Cassidy — accompagnés de leur Raticate — sème également la terreur chez les honnêtes entraîneurs de Pokémon. Voler des Pokémon, c'est leur raison de vivre. Heureusement pour Ash et ses amis (et ses Pokémon), ils y réussissent à peu près aussi bien que leurs célèbres coéquipiers.

La fois où Butch et Cassidy sont passés le plus près de voler des Pokémon, c'était sur l'île des Mandarines, dans l'archipel Orange. Là-bas, ils ont réussi à diffuser l'attaque surnaturelle d'un Drowzee dans toute l'île grâce à une antenne.

L'effet a été terrifiant. Sur toute l'île, les Pokémon ont cessé d'obéir à leur entraîneur et, dans certains cas, ils sont allés jusqu'à les attaquer. Même le Pikachu de Ash et le Togepi de Misty sont devenus méchants et ont quitté leur entraîneur pour se joindre à Butch et Cassidy. Même Meowth a laissé tombé Jessie et James pour se joindre à leurs rivaux. Avant que Ash ne réussisse à les arrêter, Butch

et Cassidy avaient réuni un joli groupe de Pokémon parmi lesquels se trouvaient Pikachu, Togepi, Poliwhirl, Meowth, Primeape, Vaporeon, Grimer et Electabuzz, sans oublier le Lickitung, le Weezing, le Arbok et le Victreebel de Jessie et James!

Butch et Cassidy avaient réussi à voler tous ces Pokémon sans même se battre. En fait, ils ont à peine levé le petit doigt. « Utiliser la force brute pour voler des Pokémon, c'est faire preuve d'un tel manque d'imagination! » a dit Cassidy à Jessie et James.

Butch et Cassidy sont plus intelligents et plus rusés que Jessie et James (il faut dire que la barre n'est pas tellement haute!). Tourmenter et taquiner Jessie et James est l'un de leurs sports favoris. Lorsque Jessie s'exclame, étonnée : « Je croyais que vous étiez en prison, vous deux! », Butch lui dit que le patron s'est rendu personnellement au poste de police pour verser leur caution.

Jessie et James se sont sentis humiliés. « Le patron n'a jamais rien fait de tel pour nous! » se plaint Jessie.

« C'est que, même si nous faisons partie de la même équipe (c'est-à-dire Team Rocket), nous ne sommes absolument pas dans la même ligue », a répondu Cassidy d'un ton extrêmement méprisant.

Clairement favorisés par Giovanni, enviés de Jessie et de James et craints des entraîneurs de Pokémon de partout, Butch et Cassidy forment un diabolique duo qu'il ne faut pas sous-estimer.

Ils ont même modifié le credo de Team Rocket. Voici leur version :

« Nous sommes de retour
Pour vous jouer un mauvais tour!
Pour répandre dans le monde
la dévastation,
Pour contaminer les peuples de toutes
les nations!
Pour dénoncer la beauté de l'amour
et de la vérité!
Pour étendre notre fureur jusqu'à la voie lactée!
Cassidy!
Butch!
Team Rocket sillonne la Terre jour et nuit
Rendez-vous maintenant ou préparez-vous à être
réduits en bouillie! »

## GIOVANNI

Personnage sombre et trouble, Giovanni, le chef de gym de la ville de Viridian et patron de Team Rocket, est confortablement installé dans son repaire et tire les ficelles comme un impitoyable marionnettiste, tout en caressant son Persian ronronnant. Arrogant, cupide, colérique, impatient, cruel et dangereux (et ce sont là ses plus belles qualités!), Giovanni est au centre d'activités démoniaques qui menacent les honnêtes entraîneurs de Pokémon du monde entier.

**LES PLUS GROSSES GAFFES, LES PLUS IDIOTES IDÉES, LES DÉGUISEMENTS LES PLUS DÉMENTS ET LES PLANS LES PLUS PATHÉTIQUES DE TEAM ROCKET!**

• Porter des tutus de ballerine pour tenter de voler les Pokémon d'eau au gymnase de la ville de Cerulean, pendant le sensationnel ballet sous-marin des Sœurs de Cerulean.

• Se déguiser en journalistes des nouvelles télévisées (même Meowth portait une moustache!) pour tenter de voler des Pokémon au combat d'ouverture du tournoi de la Ligue des Pokémon sur le plateau Indigo.

• Mettre sur pied un casse-croûte et vendre des biscuits devant le gymnase de l'île de Cinnabar. Ils n'ont attrapé ni client ni Pokémon.

• Se faire passer pour des magiciens pendant la fête des Enfants pour pouvoir faire disparaître Pikachu. Les enfants ont vu clair dans leur jeu, et Ash aussi, on s'en doute!

• Faire monter Ash, Misty, Brock et Pikachu dans un dirigeable pour les amener, par la voie des airs, jusqu'à l'archipel Orange et tenter de voler Pikachu. Naturellement, le dirigeable s'est écrasé, et Pikachu leur a échappé.

• Grimper au sommet d'une haute montagne avec leurs sacs à dos et tout leur équipement pour ensuite faire rouler un rocher sur Ash et un groupe de scientifiques effectuant des recherches sur les Pokémon. Le rocher a été intercepté et projeté vers le haut de la montagne par deux Machoke. Qui a été écrasé? Team Rocket, naturellement!

• Creuser un trou pour attraper des Pokémon, puis tomber eux-mêmes dedans — ça leur est arrivé un nombre incalculable de fois!

• Se déguiser en pirates pour voler une troupe de Pokémon artistes sur un théâtre flottant. Les Pokémon ont combiné leurs pouvoirs et ont facilement réussi à battre Team Rocket.

• Remonter ce qu'ils croyaient être une importante prise de Pokémon d'eau dans un grand filet pour découvrir qu'ils n'avaient attrapé qu'un Tentacruel et un Psyduck; comme si cet échec n'était pas suffisant, ils ont ensuite été arrêtés par un Golduck.

• Venir à l'archipel Orange dans un sous-marin en forme de Magikarp pour voler des Pokémon. Leur vaisseau a attiré un vrai Magikarp qui, s'apercevant qu'il avait été trompé, a évolué en Gyarados et propulsé Team Rocket jusque dans les étoiles.

# LES NOUVEAUX POKéMON

## CHAPITRE 13

### LES NOUVEAUX POKéMON SONT ARRIVéS!

Tu t'entraînes depuis longtemps et tu les as tous attrapés, pas vrai? Non, c'est faux!

Juste au moment où tu croyais avoir attrapé tous les Pokémon existants, en voici 100 nouveaux! Tu as bien lu! Cent tout nouveaux Pokémon tirés des jeux Argent et Or.

Qui sont-ils? Que font-ils? Ressemblent-ils aux Pokémon que nous connaissons et que nous aimons? En voici un avant-goût.

• Les nouveaux Pokémon vivent dans des endroits encore jamais visités.

• Certains utiliseront des attaques toutes nouvelles que l'on n'a jamais vues auparavant.

• Tu devras attendre que les Pokémon se réveillent avant de pouvoir engager un combat.

• Et voici la partie la plus fantastique d'entre toutes : certains des Pokémon seront des évolutions et des préévolutions des Pokémon actuels. Cela signifie que certains des 150 premiers Pokémon que tu croyais bloqués dans leur évolution pourront en fait évoluer. Certains autres des 100 nouveaux Pokémon seront des préévolutions ou des versions plus jeunes de certains des 150 Pokémon originaux. Plus de détails à venir!

Grâce à l'émission de télé et au premier film Pokémon, tu connais déjà certains de ces 100 nouveaux Pokémon. Voici quelques renseignements inédits à leur sujet :

## TOGEPI

Togepi est sorti d'un œuf de Pokémon rare que Ash a trouvé pendant une chasse aux fossiles dans le canyon Grandpa. C'est le seul Togepi connu dans le monde entier. Misty a été la première personne que Togepi a vu après son éclosion et il pense donc qu'elle est sa mère. Maintenant Togepi ne laissera personne d'autre être son entraîneur, ce qui convient parfaitement à Misty. Elle adore son Togepi, et lui donne l'affection et l'attention supplémentaires dont a besoin ce bébé Pokémon. Misty pense que Togepi a peut-être la capacité de se téléporter, et même de téléporter d'autres personnes, d'un endroit à un autre, en battant de ses petits bras. Mais seul l'avenir le dira.

## MARILL

Marill est un Pokémon d'eau. Il est charmant, aimable, mignon et très talentueux. Ses grandes oreilles rondes sont si sensibles qu'il peut détecter des sons émis à de grandes distances.

L'excellente ouïe de Marill est parfaite pour chercher des Pokémon cachés ou très éloignés.

Marill est aussi un excellent nageur. La balle au bout de sa queue flotte dans l'eau et c'est ce qui l'aide à nager lorsque la mer est mauvaise et permet à son entraîneur de savoir où il est en tout temps.

Marill s'entend bien avec Togepi qui adore s'accrocher à lui et s'amuser.

## SNUBBULL

Snubbull est un Pokémon fée. Même s'il n'a pas l'air très commode, Snubbull est habituellement très gentil. Quand il croit pouvoir battre son adversaire, Snubbull se met à faire le fanfaron.

# RÉPONSES DU QUIZ

**Réponses aux devinettes de Blaine**

1) Il explose.

2) « Il est devant tes yeux. » Ash se tenait devant le gymnase.

3) Une horloge.

4) L'intérieur d'un volcan.

5) Une perruque : si tu la portes, c'est que tu as perdu tous tes cheveux.

6) Electrode.

7) La rivière.

8) Pokémon (peau-quai-mont).

**De quel Pokémon s'agit-il?**

| | |
|---|---|
| 1) Venusaur | 6) Alakazam |
| 2) Blastoise | 7) Rapidash |
| 3) Ekans | 8) Dewgong |
| 4) Jigglypuff | 9) Drowzee |
| 5) Primeape | 10) Mr. Mime |

**Et le gagnant est...**

**Combat n° 1 :** Jynx. Les Pokémon de glace ont l'avantage sur les Pokémon de terre.

**Combat n° 2 :** Weezing. Les Pokémon poison ont l'avantage sur les Pokémon des champs.

**Combat n° 3 :** Pikachu. Les Pokémon d'eau ont l'avantage sur les Pokémon rocher.

**Combat n° 4 :** Kadabra. Les Pokémon surnaturels ont l'avantage sur les Pokémon de combat.

**Combat n° 5 :** Charizard. Les Pokémon de feu ont l'avantage sur les Pokémon insectes.

**Combat n° 6** : Pikachu. Les Pokémon électriques ont l'avantage sur les Pokémon d'eau.

**Combat n° 7** : Graveler. Les Pokémon rocher ont l'avantage sur les Pokémon de feu.

**Combat n° 8** : Cubone. Les Pokémon de terre ont l'avantage sur les Pokémon électriques.

**Combat n° 9** : Pinsir. Les Pokémon insectes ont l'avantage sur les Pokémon des champs.

**Combat n° 10** : Hitmonchan. Les Pokémon de combat ont l'avantage sur les Pokémon normaux.

## Vrai ou faux

1) Vrai.

2) Faux. Vileplume n'évolue pas en Gloom. Gloom évolue en Vileplume (en utilisant la pierre de feuille).

3) Faux. Exeggutor a trois têtes.

4) Vrai.

5) Faux. Le surnom de Tentacruel est « le bandit des mers ».

6) Vrai.

7) Faux. Metapod ne peut même pas se déplacer!

8) Faux. La troisième tête est celle de la colère.

9) Vrai.

10) Faux. L'armure de Cubone est fabriquée à partir des os des anciens Pokémon.

11) Vrai.

12) Faux.

13) Vrai.

14) Vrai.

15) Faux. Le nom du bateau est le S.S. Anne.

16) Faux. Le tourbillon change de direction lorsque Poliwag évolue en Poliwhirl.

17) Faux. Victreebel vit au plus profond de la jungle.

18) Vrai.

19) Faux. Il te faut trouver un fossile Dôme.